대지에 가치를 심는다

SE 스토리

SE 스토리

2014년 1월 7일 초판 1쇄 발행

기   획 SE
지 은 이 홍남권
펴 낸 이 주형남
교정교열 최영록
디 자 인 김준수 윤선화 조수진
제   작 김정철
펴 낸 곳 파코스토리(주)
주   소 서울특별시 금천구 가산동 426-5
월드메르디앙벤처센터 2차 215호
전   화 02-2025-8985
팩   스 02-6944-9443
이 메 일 paco1085@empas.com

I S B N 978-89-954842-5-8

대지에 가치를 심는다

SE 스토리

홍남권 지음

PACO : STORY

CONTENTS

Story 1

[혁신과 생존]

SE가 땅을 파면 돈이 나온다

Story **2**

Story **3**

[경쟁과 속도]

타이밍이 성패의 절반을 좌우한다

Story 4

[기술과 마케팅]

기술이 없었다면 SE는 존재하지 않았다

Story **5**

Story 6

[전략과 리더]

대한민국 건설 현장에 컨설팅을 심는다

Let's make the earth's skin

이야기를 시작하며

이 책은 어찌 보면 무모하기 짝이 없다. 담겨진 내용을 떠나서 이 책의 주인공 격인 SE가 대한민국 사람의 99.99%가 모르는 작은 회사이기 때문이다. 그동안 우리가 봐왔던 경영관련 서적에 등장하는 회사는 주로 토요타나 애플 같은 외국계 거대기업이었다. 아니면 GE의 잭 웰치 회장이나 일본의 대표적 기업인인 마쓰시타 고노스케[1] 같은 인물이었다.

도대체 SE가 뭔데? 앞서 얘기했듯, SE(Soil Engineering)는 대한민국의 작은 중소기업일 뿐이다. 하지만, 작아도 나름대로 SE만의 프라이드가 있다. 기초 지반과 관련한 솔루션을 모두 제공할 수 있는 대한민국 최고의 컨설팅기업이라는 자부심 말이다. 게다가 지반 등 전국의 다양한 토질에 대한 데이터와 그 토질에 적합한 설계기법과 공법까지 갖추고 있다. 지난 10년 동안 축적된 노하우와 이에 걸맞은 다양한 기술과 제품들도 구비하고 있다.

하지만 SE는 세인들의 입에 오르내리는 유명한 기업이 아니다. 더구나 SE는 설립된 지 불과 10년 밖에 되지 않는 회사이다. 대기업도 아니고 세계시장을 선도하는 히든 챔피언에 해당하는 강소기업도 아니다. 심지어 여태까지 주력분야라 할 수 있는 PHC파일(Pile)에서도 시장점유율이 고작 10% 남짓이다. SE가 딱히 내세울 만한 거라고는 10년 동안 생존해 왔다는 사실, 아마 이 정도일 것이다.

회사의 규모가 작고 연혁이 짧다 하여 기업문화가 없지는 않다. 나름 백억 단위의 매출을 올리고 있는 SE가 특허 공법과 제품을 얼렁뚱땅 만들어 내지는 않을 것이라는 신뢰는 얻고 있다. 대다수의 회사처럼 SE도 거금을 들여 기술을 개발했고 공을 들여 제품을 생산해 왔다. 중소기업이라는 수준에 맞지 않게 현재까지 기술개발에 200억원을 투자했다. 미쳤다는 소리까지 들어가며 지난 10년 동안 SE도 남들처럼 열심히 노력은 해왔다. 그러나 품격을 지닌 기업문화라는 게 하루아침에 생겨나는 것은 아닐 것이다. 어느 날 도공이 도자기 한 점을 잘 빚었다고 해서 그를 예술혼을 지닌 대가라 칭할 수 있을까. 세인들은 한동안 그가 만드는 작품의 가치를 인정해 주지 않기 마련이다. 오랜 세월 동안 뛰어난 작품들을 꾸준히 빚어내야 그에게 비로소 명장이라는 칭호가 붙는다. 현실세상의 평가는 이렇듯 냉정하다. 그럼에도 대한민국 중소기업 SE는 SE의 이름으로 당당하게 책을 낸다.

SE가 대기업이 아니라는 이유, 대기업과 중소기업은 그 출발부터 다르기 때문에 SE가 이런 무모한 일을 시도하는 것인지도 모르겠다. 용기를 내서 도전은 했다. 하지만 SE는 게임, 스포츠, 예술 등 대중이

호기심을 느낄 만한 업종의 회사가 아니다. 건설업을 영위하는 데다 B2B 회사이고 SE의 기술과 제품은 땅속에 있어서 사람들 눈에 잘 띄지도 않는다. 하지만 보물찾기하듯 이 책의 장점을 찾아준다면 이 글에 담으려 한 SE의 열정이 드러날 수도 있으리라 기대해 본다. 이 책이 척박한 기업환경에서 분투하는 중소 벤처기업의 임직원들에게 반면교사같은 노릇이라도 해 주면 정말 다행이겠다.

때로는 어지럽고 혼란스럽다고 느낄 만큼 세상의 변화가 빠르다. 그 어느 누구도 감히 이 세상을 변화시킬 수 있다고 자신하지 못할 것이다. 일개 중소기업에 지나지 않는 SE도 마찬가지다. 이 책은 다만 SE가 스스로를 조금이라도 변화시키려 행하는 여러 변신술 중 하나일 따름이다.

SE가 변해 가는 만큼 그 내부 구성원들도 변해 갈 것이다. 아주 조금씩이라도. SE와 SE사람들이 변화하며 걸어온 시간을 정리하여 글로 남겨둔다. 이 기록이 한순간의 읽을거리라도 되었으면 좋겠다.

2014년 1월

홍 남 권

이엑스티㈜가 창립 10주년을 맞아 SE로 새롭게 태어났습니다.
SE는 기초지반 Soil Engineering 분야 컨설팅 전문기업입니다.

추천의 글

'Special Energy'의 SE에 축복을!

무엇보다 이 책은 '사람의 훈김'이 있어 좋았습니다. 사업을 하다 보면 말 못할 고충도 많을 것이고, 소조직이라 해도 인간적 갈등과 소통의 문제가 무시로 불거지겠지만, 그 중심에는 언제나 사람이 있게 마련이고, 이의 해결도 결국 사람이 하는 것이지 않겠습니까. 독자의 눈길을 끄는 것도 역시 '인간적 흥미'(human interest)가 첫 번째일 것입니다.

나눔과 배려의 마음으로 사회에 이익을 환원할 줄 아는 젊은 기업과 경영인, 기술개발의 연이은 실패에도 낙심하지 않은 불굴의 도전 정신, 위기 때마다 소생의 힘이 되어준 짱짱한 휴먼 네트워크, 베트남 등 불모지에 과감히 첫 삽을 내미는 프론티어정신, 업계의 관행과 부조리에 맞서는 페어플레이정신, 대지에 기술로 가치를 심는 프로페셔널한 농부정신, 칭기즈칸·링컨·나폴레옹 등의 위인들로부터 배우는 타산지석의 지혜 등 읽을만한 컨텐츠가 아주 풍성합니다. 책을 덮으면서 이번에 새로이 바꾼 회사이름 SE(Soil Engineering)의 별칭을 'Special Energy'라고 하면 어떨까, 생각한 것은 'SE의 힘'이 느껴졌기 때문일 것입니다.

머지않아 기초지반 시장의 '히든 챔피언'이 될 것을 믿어 의심치 않으며, 일독을 권합니다.

최영록 (성균관대학교 홍보전문위원)

인간적이며 창조적인 강소기업 SE

2만달러 시대까지는 학교에서 교육받은 지식으로, 고통을 감내하고 모방과 개선을 통해서 99%의 완성이 가능합니다. 그러나 4만 달러 시대를 맞이하기 위해서는 남이 생각하지 않은 1%를 생각하고, 남이 하지 않은 1%를 실천해서 마지막 1%를 완성해내야만 합니다. 이러한 기회와 희망을 찾아 창조를 해내는 대표적인 기업이 바로 SE라고 생각합니다. Ext파일 1본당 500원씩을 나눔기금으로 적립하며, 윤리경영을 실천하고, 기술과 인재와 자연이 만나 삶의 터전에 대한 가치를 높이며, 지역사회와 이웃을 돕는 경영이념을 가진 인간적인 기업이 SE입니다.

이제 회사를 설립한지 10년이 되었습니다. SE는 부설연구소를 설립하여 자체 연구개발과 산학협동 R&D 등을 통해 가장 경제적이고 안정된 설계기법 및 공법개발을 위해 노력하고 있습니다. 이제는 국내 뿐 아니라 세계에서 인정받는 최고의 엔지니어링 전문 컨설팅 기업으로 거듭나기를 바랍니다.

이 책은 앞서 설명한 SE의 저력과 진면목을 생생하게 펼쳐보이고 있습니다. 전문기업의 스토리를 이처럼 쉽고 재밌게 풀어내다니 작가의 필력에 감탄했습니다.

모든 CEO들과 직장인들에게 일독을 권합니다.

이원호 (광운대학교 공과대학 학장, 환경대학원 원장)

추천의 글

SE와의 인연이 어언 7년이 됩니다. SE 창립 10주년을 축하드립니다. 아울러 송기용 대표와 모든 임직원들에게 그동안 이루어낸 모든 성과에 대하여 큰 박수를 보냅니다. 우리나라의 사회적 환경에서 중소기업을 운영하고 더 나아가 해를 거듭하는 성장을 해 나간다는 것은 매우 어려운 일로 여겨지나 SE가 꾸준한 발전을 위한 노력을 통해 전문기업으로 자리 잡은데 대해서도 경의를 표하고 싶습니다.

지난 10년간 SE가 거쳐 온 과정을 함축한 이 책에는 SE가 그동안 이루어낸 기술적 성과가 잘 설명되어 있습니다. 특히 송기용 대표를 주축으로 지속적인 연구개발을 통해 Ext-Pile 공법, SAP공법, GCB 및 바인더스, 그리고 PF공법 등을 개발하여 현장에 적용하기까지 모든 과정을 전문가가 아니더라도 이해할 수 있도록 기술되었다는 점에서, 이 책을 대한민국의 모든 중소기업 CEO와 직장인, 그리고 창업을 준비하고 있는 분들에게 적극 추천하고 싶습니다. 특히 현재와 같이 어려운 기업 환경에서 조직을 효율적으로 운영하고 기술개발로 성공하고자 하는 젊은 창업자들은 이 책에서 나아가야 할 방향을 찾을 수 있을 것이라고 믿습니다.

유충식 (성균관대학교 건축토목공학부 교수)

대기업도 투자하기 힘든 연구개발에
수백억을 투자한 SE

SE는 국내외에서 100개가 넘는 특허를 획득한 저력 있는 중소기업입니다. 대기업에서도 투자하기 힘든 연구개발 분야에 SE는 너무도 당연한 듯 수백억을 투자하였습니다.

기초 · 지반 분야 종합 컨설팅 전문기업으로 자리매김한 SE는 지난 10년간 건설현장에 적용할 탁월한 공법과 제품을 개발해왔습니다. 전 직원의 80%가 넘는 구조 엔지니어들의 지식과 경험을 바탕으로 한 새로운 아이디어는 기술연구소에서 수많은 실험을 반복하여 완성됩니다. SE는 그 제품과 공법을 현장에 적용함으로써 건설기술 발전에 큰 공헌을 해왔습니다.

특히 Ext-Pile의 제품과 공법은 우리 건설 산업을 한 단계 더 발전시켰다는 평가를 받고 있습니다.

최근에는 SAP공법으로 국토교통부 건설신기술 인증을 받는 쾌거를 이루기도 했습니다. 이처럼 SE는 끊임없는 연구와 노력으로 오늘날 성공한 강소기업으로 우뚝 설 수 있었습니다. 이 책을 읽는 독자들은 SE라는 대한민국의 한 중소기업이 어떤 철학과 전략으로 진취적이면서 동시에 저돌적으로 사업을 펼쳐나가는지 그 진면목을 접하게 될 것입니다.

이문곤 (한국건축구조기술사회 12대 회장)

추천의 글

이 책은 지난 10년간 SE가 중소기업으로서 어떤 성장통과 진화과정을 겪었는지를 잘 보여주는 한 편의 드라마틱한 영화 같습니다. 창업 초기 Ext-pile 개발부터 GCB 및 바인더스, SAP공법 및 PF공법 개발 과정을 잘 묘사하고 있습니다. 각각의 공법 개발과정에서 겉으로 잘 드러나지 않는 임직원들의 끊임없는 도전과 열정을 느낄 수 있습니다.

힘든 시련과 역경을 극복해 나가는 임직원들의 투지와 단합된 모습도 감동적입니다. 중소기업 CEO로서 송기용 대표의 경영철학과 SE만의 독특한 기업문화도 엿볼 수 있습니다. 특히 SE가 대기업이나 협력업체와 어떻게 협업하면서 상생해 나가는지 흥미롭게 눈여겨 볼 대목도 많습니다. 회사 경영의 노하우를 숨김없이 기술하고 있는 점도 다른 기업들에게 타산지석이 될 것입니다.

이 책은 기업을 운영하는 CEO뿐 아니라 모든 직장인들과 예비창업자들에게 충실한 길잡이가 되고 멘토가 되기에 부족함이 없어 보입니다.

아무쪼록 이 책을 통해 시련을 극복하는 용기와 난관을 헤쳐나가는 지혜를 얻으시기 바랍니다.

이왕희 (현대산업개발 기술연구소장)

1

[혁신과 생존]

SE가 땅을 파면
돈이 나온다

한국의 피터 드러커 Peter F. Drucker 라 불리는 윤석철 서울대 명예교수는
경영의 기본을 생존이라고 했다.

땅은
늘어나지
않는다

세상에는 쉽게 변하지 않는 것들이 있다. 금이나 다이아몬드같이 우리 인간이 보물이라 대우해 주는 물건들의 물리적인 성질은 여간해서 변하지 않는다. 그런데 땅도 이러한 보물들과 유사한 면이 있다. 땅은 유한한 데다가 거의 고정불변이라는 특성을 갖고 있다. 달리 표현하면, 땅은 공급이 제한적이다. 한 평에 1억 원이 넘는다는 명동에 그 어느 누구도 땅을 새롭게 만들어 낼 수는 없다. 단 한 평의 땅도 늘릴 수 없으니, 이게 바로 명동의 땅값이 평당 1억 원을 호가하는 까닭이다. 오죽하면 금싸라기 같은 땅이라는 말이 생겨났겠는가.

땅을 넓히지는 못하지만 건물을 높이 올리거나 지하 깊숙이 파내려가는 방식으로 공간을 확보할 수는 있다. 어쨌든 수백, 수천 년에 걸쳐 퇴적물이 쌓이거나 간척사업을 벌이기 전에는 사람이 살 수 있는 땅은 늘어나지 않는다. 지진을 견뎌내는 내진설계와 SE는 밀접한 관계가 있지만, 화산 폭발과 지진 같은 천재지변에 의한 지각 변동은 이 글에서 다루고자 하는 내용이 아니다. 또한, 해수면 상승으로 지반이 약화되는 현상은 SE의 사업영역과 연관성이 높지만, 이 책은 지구의 온난화를 다루지는 않는다.

이렇듯 땅 이야기를 늘어놓는 까닭은 이 책의 주인공인 SE가 부동산의 대표주자격인 땅과 관련된 일을 하고 있기 때문이다. 우리가 날마다 딛고 다니는 땅이 튼튼하도록 궁리하고 실제로 굳건히 하는 게 SE(Soil Engineering)의 주 업무이다. 무른 지반을 단단하게 만드는 기초공사가 낯설게 들릴지 몰라도 우리 인간에게 생소한 일은 아니다. 지반을 다지는 일은 나무 위나 동굴에서 살던 인류가 땅 위에 집을 짓기 시작하면서 비롯된 유구한 작업이다. 옛날에는 목봉으로 일일이 흙을 다진 다음 초석을 놓아 건축물의 무게를 지탱했다. 땅속에 통나무를 박아 지반 침하를 막기도 했는데, 현재는 나무 대신 주로 철과 콘크리트를 사용한다.

구로구 고척동에는 지난 2009년부터 공사가 계속되고 있는 건설현장이 있다. 바로 대한민국 최초의 돔구장이다. 완공되면 천장 높이가 70m나 된다고 하니 야구팬이 아니더라도 구경 한번 가봄직하다.

뜬금없이 웬 야구장이야기인가 싶겠지만, 이 돔구장 밑에 바로 SE의 소중한 자산인 파일(Pile)이 묻혀 있다. SE의 제품과 기술력이 지하 깊은 어둠 속에서 국내 최초의 돔구장을 지지하고 있는 셈이다. 깊은 터널과 구름다리를 시민들이 편안하게 오갈 때, 터널을 뚫고 교각을 높이 쌓아 올린 건설인들은 프라이드를 한껏 느낀다고 한다.

이 돔구장 외에도 세종시 정부청사, 국토교통부 해양생물자원관, 국립과학수사연구소 남부분소, 경기도 화성시 종합경기장 지하에도 SE의 선단확장 이엑스티파일이 건설현장의 근로자들이 흘린 땀방울처럼 깊이 묻혀 있는 것이다.

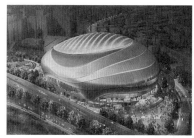

SE의 선단확장 이엑스티파일에 의해 지지되고 있는 서울 고척동 돔구장

근래에 짓는 건축물들은 꾸준히 대형화, 고층화되어 가고 있다. 아파트도 주상복합 등으로 초고층화가 진행되고 있는데, 이 무게를 받치려면 콘크리트를 점점 더 많이 사용해야 한다. 콘크리트 사용량을 최대한 줄여보려고 콘크리트를 압축해 강도를 높인 게 PHC파일이다. 구조물의 덩치가 커지면서 이 파일의 수요가 꾸준히 늘어나고 있다. 이는 SE가 하는 일이 점점 늘어나는 추세와 일맥상통한다.

최근 신도시와 산업지역이 인천 송도, 청라지구와 충남 당진, 서천 등 해안가에 들어서고 있다는 점 또한 SE로서는 호재이다. 내륙과는 달리 바닷가는 지반이 물러서 파일의 관입 깊이가 보통 20~70m에 달한다. 그래서 통상 15m 길이인 파일 하나로는 그 깊이를 감당하지 못한다. 적어도 구멍 하나에 두 개 이상의 파일을 연결하여 삽입해야 되는데, 공장에서 제작되어 나오는 파일은 15m를 넘지 않는다. 길이가 더 길면 운반하기가 쉽지 않기 때문이다.

미국 발 부동산금융사태 이후 부동산 경기가 썩 좋은 편은 아니지만 파일제조사들처럼 매출이 꾸준히 향상되는 회사들도 있다. SE도 산업화로 인한 연안 개발과 인구 증가에 따른 거대도시화의 혜택을 받는 업체 중의 하나이다.

땅 짚고 헤엄치듯 하는 편안한 사업 같지만 파일업체들도 보이지 않는 늪 같은 게 있다. 기초지반과 관련된 공사가 진척되어 갈수록 제조사들이 공을 들여 만든 파일과 시공사들이 애써 해놓은 작업들이 하나 둘씩 지하에 묻히고 만다. 어느 순간, 파일은 땅 위에서 흔적과 자취를 전혀 남기지 않고 사라진다. 이럴 때 공사현장은 황량한 벌판이나 파종을 앞둔 밭처럼 보이기도 한다. 엔지니어들의 마음 속에는 허탈함, 뿌듯함, 안타까움, 기대감 등 만감이 교차한다. 훗날 사람들은 SE가 다져놓은 지반 위에 세워진 돔구장처럼 아름답고 멋진 구조물들만을 볼 뿐이다. 이렇기 때문에 SE는 대중에게는 언제나 무명의 업체이다. 이처럼 SE가 하는 일은 아는 사람들만 알고, 대중의 눈에는 좀처럼 띄지 않는다.

삼성은 1995년 자동차산업에 진출했다. 그런데 공장부지로 선정한 부산 신호단지가 바다를 매립한 땅으로 지반이 무척 약했다. 여기에 공장을 짓다 보니 예상보다 막대한 건설비가 들어갔다. 지반 침하를 막으려고 강관을 엄청나게 투입해야 했기 때문에 다른 자동차공장의 건립 비용보다 세 배는 더 들었다고 한다.

이 사례에서 우리는 기초공사라는 것이 건너뛸 수 없는 작업이고, 결코 소홀히 해서는 안 되는 일임을 알 수 있다. 어느 누군가는 반드시 해야만 하는 작업이며, 의미 있는 일임이 분명하다.

파일업체들보다는 한발 늦었지만 그래도 이 파일과 관련된 사업을 하고 싶은 이가 있다면 아직 기회는 얼마든지 있다. 비즈니스 파트너로서 SE가 하는 일에 동참할 수 있는 문이 항상 열려 있기 때문이다.

SE가 행(行)하는 일

1. 유형의 제품
첫째, 지반의 지지력을 한층 끌어올린 선단확장 이엑스티파일
둘째, 수직증축 등 건물의 리모델링에 최적화된 스크류를 부착한 소구경 강관 파일, SAP(Screw Anchor Pile)
셋째, 보수보강재로 사용되는 지오세라믹바인더(GCB)
넷째, 토양을 응고시키는 고화제, 바인더스(Bindearth)

2. 무형의 기술과 공법
첫째, 파일을 지반에 안착시키기 위한 각종 기술과 다양한 노하우
둘째, 공사 기간을 비약적으로 단축시킨 SAP (Speedy construction, easy Access, high caPacity)공법
셋째, GCB로 구조물의 생명을 연장시키는 공법
넷째, 바인더스를 활용하여 지반의 침하력을 제어하는 버섯모양의 PF(Point Foundation)공법

선단확장 이엑스티보강판,
혁신의 중용

혁신에도 중용이 필요하다. 하늘 아래 새로운 게 없다는 말도 있듯이 독보적인 것만이 혁신은 아니다. 창업 전, SE 송기용 대표는 현대산업개발 설계팀에 재직중이었다. 2001년 현장 근무를 자청한 송대표의 귀에 파일을 박는 굉음이 들려 왔다. 귀가 멍해지고 머리가 지끈거릴 만큼 쩌렁쩌렁한 소리였다. 무척 시끄러웠어도 그의 머릿속을 떠나지 않은 묵은 생각이 있었다. 파일의 지지력을 끌어올릴 수 있는 방안에 대한 고민이 그것이었다.

파일의 지지력[2] 중 일부는 막대아이스크림 녹아내리듯 땅 밑에서 사장돼 버린다. 이 힘은 파일이 원래 가지고 있는 자체 내력의 35~40%나 된다. 제 힘을 발휘하지 못하기 때문에 땅속에 대강 35~40% 정도의 파일을 더 박아 지반을 다져야 한다. 파일의 설계하중 허용치는 법으로 정해져 있어 지지력을 무시한 채 마음대로 설계할 수 없고, 대충 시공할 수도 없다. 지난 10년 동안 과잉 설계로 인해 과다 시공된 파일은 전국적으로 헤아릴 수 없이 많았다.

땅속에서 흩어져 버리는 지지력을 되살릴 수 있는 묘안은 없을까. 송 대표의 아이디어는 바로 파일 밑면적을 넓히자는 것이었다. 개선책은 복잡하지 않았고 그 방법도 그다지 어렵지 않았다. 그의 고민은 결국 이 파일 하단부에 강철로 된 판을 덧대는 것으로 결실을 보았다. 이 쇠로 된 판을 '선단확장 이엑스티보강판'이라 부르는데, 이 보강판과 파일의 결합물이 선단확장 이엑스티파일이 된다. 파일이 가진 지지력의 효율을 높이는 만큼 파일을 아낄 수 있었다.

늦은 감이 있지만, 이 파일이라는 물체에 대한 설명이 더 있어야 할 것 같다. 파일은 전봇대와 흡사한 생김새로 콘크리트와 강선(鋼線)의 결합체이다. 400mm에서 800mm까지 다양한 구경의 파일이 있는데, 지름이 500mm인 파일이 점유율 80~90%로 현재 대세이다. 길이는 5m부터 1m 단위로 15m까지 생산된다. 무게는 15m짜리가 약 3t이고 2014년 1월 기준으로 1개당 가격은 50만 원 안팎이다.

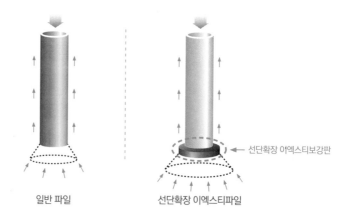

일반 파일　　　　선단확장 이엑스티파일

선단확장 어엑스티보강판

보강판을 붙였어도 파일을 땅속에 집어넣는 방식 자체는 달라지지 않았다. 기존의 파일 관입 방법을 그대로 답습했는데, 이전과 달라진 것은 오로지 둥근 철판 하나를 장착했다는 것뿐이었다. 그런데 오히려 이처럼 변화가 적었기 때문에 보강판이라는 아이디어는 대단히 실용적이었으며 선단확장 이엑스티파일을 건설현장에 바로 투입할 수 있었다. 단순하다는 게 때로는 커다란 이점이 되기도 하는데, 단순함은 이 선단확장 이엑스티보강판에도 유리하게 작용했던 것 같다.

보강판 아이디어의 요체는 아래 그림에서 보듯 파일 내외부의 제1, 2 확장 구역이다. 별것 아닌 것처럼 보이겠지만 이 부분이 혁신의 키워드이고 기술개발의 넥 포인트(Neck Point)이다. 이 제1, 2 확장 구간이 있어 보강판은 안정성과 경제성을 뽐낼 수 있었다.

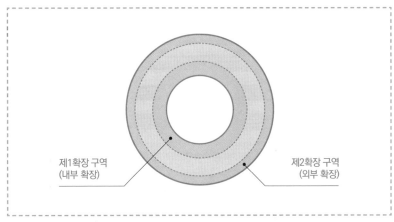

제1확장 구역
(내부 확장)

제2확장 구역
(외부 확장)

내부도 확장되어 있는 선단확장 이엑스티보강판

하지만 이 보강판 아이디어가 나오자마자 건설현장에서 곧바로 쓰인 것은 아니었다. 어찌 보면 첫 시련이었지만, 달리 생각해 보면 송 대표는 시대가 만들어낸 기회를 만난 셈이었다. 10년 전 보강판을 이용한 파일의 지지력 개선안에 귀를 기울이는 사람은 많지 않았다. 본사 설계팀에서 나오는 반응들도 회의적이었다. 아니, 사람들은 파일에 그다지 관심을 기울이지 않았다.

"설계된 지지력만 나오면 그냥 넘어가. 다른 할 일도 많아."

"지금까지 해온 대로 파일을 그냥 넉넉하게 시공하면 그만이지 왜 신경을 써. 땅속에 박히면 끝인 게 파일이야."

토목 관련 부서의 반응도 시큰둥했다. 파일이라는 존재는 세상에 충분히 알려져 있었지만 그 존재감은 철저히 무시당하고 있었다. 확실히 당시 파일이라는 존재는 건축과 토목의 사각지대에 자리하고 있었다. 한눈에는 잘 보이지 않는 틈새시장인 셈이었으니, 송 대표에게는 운이 따르고 있었다.

그는 아무도 거들떠보고 있지 않아 그냥 자기가 한번 해본 것뿐이라고 당시를 술회한다. 이렇듯 혁신적인 아이디어는 새로운 사업 기회를 제공할 수도 있다. 하지만 거듭 강조하는데 거창한 것만이 혁신은 아니다. 전 세계가 깜짝 놀랄 만큼 굉장한 혁신에는 그만큼의 위험도 그림자처럼 따라다닌다. SE 선단확장 이엑스티파일의 경우에도 사업화 초기 단계에는 진입장벽 노릇을 한 사회적 변수가 상당히 많았다. 기술적인 측면의 변수는 그다지 많지 않았는데도 말이다.

SE가 세상에 내놓은 파일의 정식 명칭은 선단확장 이엑스티파일이다. 줄여서 선단확장파일이라 부르는데, 파일의 모양새는 길가에 서 있는 전신주를 떠올리면 된다. SE의 파일은 2004년부터 2013년 12월까지 도합 357군데 현장에서 쓰였는데, 고층빌딩들이 많이 분포한 수도권과 해안가에 인접한 인천, 부산, 군산, 경남 등에서 많이 시공되었다.

선단확장 이엑스티파일 적용현장 분포
연약지반 지역인 해안가에 대부분의 인구가 밀집되어 있다

2014년 1월 현재, SE의 손을 거쳐 간 파일은 45만여 개, 길이로 따지면 8천㎞를 훌쩍 넘어선다. 이 파일들이 지탱하고 있는 구조물 무게의 합은 6천만 t을 넘겼고, 선단확장 이엑스티파일로 인해 절감된 이산화탄소의 양도 40만 t을 넘어섰다. SE가 어림잡아 15만 그루의 나무를 심은 셈인데, 가장 중요한 사항이 하나 남아 있다. 바로 돈과 관련된 얘기다. SE의 선단확장 이엑스티파일로 건설사들이 원가절감한

공사비는 3천억 원이 넘는다. 시공사들이 아낀 시간, 즉 단축된 공사 기일도 어마어마하다. 하루 이틀 절약된 시간을 현장 한 곳으로 환산한다면 과연 얼마나 될까. 어느덧 총 1만 일을 넘어섰으니 무려 30년이 더 되는 세월을 단축한 셈이다.

그런데 최근 선단확장형 파일의 인기를 틈타 시장을 교란시키는 여러 모방작이 유통되고 있다. 철근도 넣지 않고 콘크리트를 두껍게 덧칠한 듯 아랫부분을 확장시킨 파일이 있다. 심지어 SE의 특허를 피하려 외부로만 선단을 확장시킨 파일도 있다. 너무나 안이하게 아무렇지도 않은 듯 베끼는데, 차후에 구조물의 안정성을 저해하는 심각한 사건으로 번질 수 있다. 기초의 중요성을 인지하는 사람이라면 이러한 파일들은 마땅히 경계해야 한다. 창의적인 업그레이드는 그 가치를 인정받을 수 있겠지만 단순 흉내로 퇴보의 어리석음을 범하는 일은 근절되어야 한다.

파일시공 길이 **8,000**km

지구 반지름
6,400km

지구 반지름을 넘어서 지름으로

대개 줄여서 파일이라 불리는 PHC(pretensioned spun high strength concrete pile)^{주)}파일은 콘크리트를 압축한 것으로, 그 원천 기술은 일본에서 개발되었다. 우리나라에는 1990년대 초반에 도입되었고, 길쭉한 원통 틀에 콘크리트를 넣고 회전을 시키면 콘크리트의 밀도가 높아진다. 원심력의 원리를 이용해 통 안 바깥쪽으로 콘크리트를 밀착시키는데, 이 과정을 거치고 나면 강도가 배가된다. 그리고 콘크리트가 바깥으로 몰려 있으니 중앙에는 빈 공간이 생긴다. 이 빈 공간 내부로 보강판을 확장시키는, 제2 확장(내부 확장) 아이디어로 SE 선단확장 이엑스티파일은 내력을 더욱 더 발휘할 수 있었다.

이 콘크리트 덩어리 안에 강철로 된 줄을 삽입하면 힘이 한층 강해진다. 철과 콘크리트는 마치 찰떡궁합처럼 결합력이 아주 좋기 때문이다. 콘크리트와 결합한 철근은 콘크리트를 단단히 붙잡아 콘크리트가 파손되거나 붕괴되는 걸 막아내는데, PHC파일 안에 삽입된 강선 또한 마찬가지 기능을 한다. 그밖에 피아노 줄 같은 강선은 파일의 탄력성을 높여주는 역할을 하고 측면에서 가해 오는 힘인 수평력에 버티는 작용까지 해 준다.

SE의 선단확장 이엑스티파일(제품명 Ext-Pile)은 이 PHC파일의 맨 밑 부분에 보강판이라는 강철판을 덧대 파일을 개량한 것이다. 어찌 보면 SE가 한 일이라고는 이 '선단확장 이엑스티보강판' 이라는 개념을 타 업체들보다 조금 일찍 선점했다는 것일지도 모른다. 남들보다 먼저 선단확장 이엑스티보강판을 구상하여 개발해냈고 다른 업체들보다 먼저 사업화했을 따름이다.

그런데 SE는 이 보강판 사업 초창기에 수많은 어려움을 겪어야 했다. 파일 제조업체의 견제, 현장에서 파일을 시공하는 항타(抗打·말뚝 박기)사와의 분쟁, 발주처와의 갈등, 어음제도, 지적재산권에 대한 몰이해 등 사회, 경제적 변수들이 높다란 장벽이었다. 파일에 보강판이라는 새로운 아이템을 장착했지만 시공법이 동일해 건설현장에서 곧바로 통용될 수 있기 때문에 기술적인 면의 변수는 당초 우려한 것보다 많지 않았다. 혁신에서 중용의 도가 이루어진 셈이다.

이왕에 발주처 이야기가 나왔으니 한마디 더 해야겠다. 발주처가 사업비를 축소해야 한다며 공사비를 급작스럽게 대폭 줄여버린 프로젝트가 있었다. 공사비를 삭감한다는 명목으로 발주처가 물고 늘어진 게 SE가 받아가는 기술료 항목이었다. 파일을 시공할 적에 도움이 된 컨설팅 기술과 노하우는 눈으로 확인할 수 있는 게 아니니 발주처는 자신들의 눈에도 보이는 보강판에 대한 기술료만 지급하겠다고 주장했다. 음악은 무료이고 작곡가에게 오선지 작성에 대한 수고비만 주겠다는 것과 같은 심보였다. 억지였으나 SE의 항변은 받아들여지지 않았다. 결국 SE는 이 발주처와 소송을 하게 되었다. 이 프로젝트를 비롯하여 2014년 1월 현재 SE는 이런저런 사연으로 수억 원의 미수금을 떠안고 있다.

파일의 밑면적은 보강판으로 인해 이전보다 20~30% 넓어졌다. 넓이가 겨우 20~30%밖에 안 늘어났다고 그리 대단해 보이지 않을 수도 있다. 하지만 SE의 선단확장 이엑스티파일은 보강판을 부착하지 않은 파일보다 지지력이 적어도 20~30%는 더 나온다. 액면 수치로 단순 계산하더라도 20~30%의 파일을 절약할 수 있다. 그런데 지지력 20%와 지지력 30%는 10%나 차이가 나는데 1~2%도 아니고 너무 큰 차이 아닌가. 이렇듯 지지력의 편차가 큰 이유는 현장 상황, 즉 현장마다 토질이 각양각색이기 때문이다.

보강판의 최적화된 두께는 얼마쯤일까. 현재 보강판 두께는 15mm 안팎인데, 만약 두께가 30mm로 늘어난다면 무게도 배가 될 것이다. 재료비가 두 배로 들어가고 더불어 운송비도 배는 아니더라도 큰 폭으로 증가할 것이다. 그럼 보강판을 얇게 만들면? 보강판 두께를 무조건 얇게 한다고 능사가 아니다. 파일이 땅속에서 제대로 위력을 발휘하게 기술적으로 검증한 후에 보강판 두께를 15mm로 정한 것이다. 땅속의 보강판은 100년이라는 세월이 흐르면 2mm정도 부식될 수 있는데, 이 2mm도 보강판 두께를 산정하는 데 반영되었다. SE가 보강판 기술의 이론적인 기반을 다지는 데에는 학계의 협조가 있었다.

보강판 기술을 이론으로 무장한 다음, SE는 마케팅에 쓸 도구들을 차례차례 준비했다. 보강판 모형을 만들고, 동영상을 제작하고, 기술 서적 다섯 권을 제작했다. 1년 동안 건설 관련회사를 돌아다니며 대략 900회의 프레젠테이션을 진행했다. 프레젠테이션을 하루에 다섯 번 한 적도 있었으니 지독한 강행군이었다.

2004년 마침내 첫 시공이 이루어졌고 이 해를 넘기면서 선단확장 이엑스티파일을 눈여겨 보던 모 건설사가 SE를 불렀다. 건설사가 SE의 파일을 사용하겠다는 결정을 내리자 구조설계사들이 설계에 반영하기 시작했고, 선단확장 이엑스티파일이 차츰 더 쓰이게 되었다.

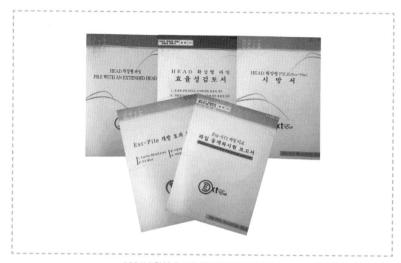

2004년 창업 초기에 준비한 기술서적 5권

2004년부터 2014년 1월까지 SE는 파일분야에서만 600억 원이 넘는 매출을 올렸다. 고 정주영 현대그룹 회장의 말처럼 일단 한번 해봤을 뿐인데 SE는 파일 분야에서 상당한 성과를 올린 셈이다. 결과론적인 이야기이지만, 한때 '현대맨' 이었던 송 대표의 도전은 성공이었다. 그런데 SE의 선단확장 이엑스티파일 사업에 대해 설명을 들은 사람들은 고개를 갸웃거리기 일쑤였다.

"이런 시시한 걸로 사업을 벌였어? 무모하지 않아?"

"설마, 그것뿐이겠어? 다른 비밀이 있겠지."

고개를 가로젓는 사람도 있고,

"에계, 겨우 이것밖에 안 되는 거였어?"

실망하는 이도 있고,

"이것으로 10년째 돈을 벌고 있다고?"

납득할 수 없다며 의문을 제기하는 사람도 있다. 실제로 선단확장 이엑스티파일 이야기를 듣고 나면 싱겁다는 생각이 저절로 든다. 건설업계 내의 사람들의 반응 또한 동종업계 바깥사람들의 반응과 크게 다르지 않았다. 결코 과장이 아니다.

초창기 SE의 사업 아이템이자 지금도 여전히 주력제품 역할을 톡톡히 하고 있는 선단확장 이엑스티파일의 보강판은 초등학생도 생각해낼 수 있는 수준의 아이디어에 불과하다. 만약 어떤 물체의 맨 밑부분을 더 단단하게 만들거나 밑면적을 넓힌다면 위에서 누르는 압력을 좀 더 잘 견딜 수 있으리라는 추론은 깊은 사고력을 필요로 하지 않는다. 그렇다. 비밀 아닌 비밀이 바로 이것이었다. 보강판 아이디어는 우리의 보편적인 상식을 벗어나지 않았다. 어이없어 할지 모르겠지만 선단확장 이엑스티파일에 '며느리에게도 알려 주지 않는' 비법 같은 것은 존재하지 않았다. 그렇다면 이제 누구나 이런 생각을 품을 수 있을 것이다.

"내가 할 걸."

"나라도 그 정도는 할 수 있었겠다."

틀린 말이 아니다. 누구든지 먼저 시작할 수 있었다. 하지만 아무도 하지 않고 있었을 따름이고, SE가 다른 업체들보다 한발 앞서 행했을 뿐이다.

"내가 왜 이걸 하지 못했을까."

어느 누군가가 주장하길 이런 탄식이 나오게 만든 상품은 성공한 상품이라고 했다. 그런데 여기서 짚고 넘어가야 하고, 앞으로 사업을 하겠다는 이가 명심해야 하는 사실이 있다. 창업은 쉽지만 성공하기는 쉽지 않다는 것이다. SE가 선단확장 이엑스티보강판을 세상에 처음으로 소개했을 때 주변 사람들의 반응이다.

"보강판이라는 게 제아무리 철판이라지만 너무 얇은 거 아니야? 저 따위 두께로 파일 무게를 감당할 수 있겠어?"

"파일은 콘크리트, 보강판은 철, 이렇듯 성분이 서로 다른데 지지력이 제대로 나올까?"

"시험 성적을 믿을 수 없어. 틀림없이 재하시험(載荷試驗·pile loading test)[1] 성적을 조작했을 거야."

심지어 파일의 지지력을 테스트하는 재하시험의 결과를 의심하는 전문가들도 있었다. 훗날 건설현장의 어떤 이들은 독특한 논리로 보강판 사용을 거부했다.

"보강판을 부착하면 우리가 큰 비용을 절감할 수 있다는 건 알겠는데, 너희가 기술료를 너무 많이 받아가는 것 같아서, 그 돈이 아까워서 선단확장 이엑스티파일을 쓰지 못하겠다."

당시 현장 사람들에게 SE가 가장 섭섭했던 게 있었다. 그들은 향후

SE에 지급해야 할 기술료, 즉 SE의 수익만 쳐다본다는 점이었다. 그들은 보강판을 부착한 파일을 연구개발하느라 얼마나 많은 시간과 얼마나 많은 비용을 들였는지는 헤아려 보려고 하지 않았다. 그들은 SE의 보강판을 길을 걷다가 땅에서 거저 주운 물건을 파는 양 그냥 하찮게 봤을 뿐이다. 그래서 그들에게 더 큰 이익을 가져다줄 SE의 보강판에 대해 마땅한 값을 치르는 데 인색해했다.

그러나 불과 2, 3년도 지나지 않아 선단확장 이엑스티보강판의 유효성에 대한 소문이 업계에서는 모르는 사람이 없을 만큼 퍼졌다. 그러자 SE의 선단확장 이엑스티파일을 모방하고 응용한 제품들이 줄지어 나타났다. SE로서는 달갑지 않은 사건이지만 역으로 이 유사품들은 선단확장 이엑스티파일의 우수성을 입증해 주는 증거물들이 되었다. 보강판 이후 파일에 대한 연구개발이 가속화되었는데, 파일의 기술발전 측면에서는 일개 중소기업에 불과한 SE가 선발주자 역할을 톡톡히 한 셈이다.

이제 SE의 선단확장 이엑스티파일은 원가 절감과 공기 단축의 대명사로 업계에서 널리 인정받고 있다. 더불어 파일에 대한 인식의 전환도 이루어졌다. 파일은 더이상 으레 땅속에다 넉넉하게 박아두면 끝인 걸로 알고 있던 과거의 존재감 없던 파일이 아니다.

신기술과 기법으로 무장한 SE의 제안서는 여느 업체들과 달랐다. SE의 제품을 채택하기 이전에도 특화된 컨설팅을 부가하여 고객사의 VE(Value Engineering)[5]를 극대화했다. 결론적으로 SE는 선단확장 이엑스티파일로 대한민국 건설현장의 컨설팅에 한 획을 그은 것이다.

한마디 덧붙이자면 창업 초기에 이미 SE는 파일의 발전 방향에 대한 확고한 비전을 가지고 있었다는 점이다. 이 때 마련된 발전 방향을 토대로 이엑스티 알 파일(Ext-R Pile), 초고강도 확장형 파일(HC Pile), 고하중 직타형 파일(HD Pile) 등 다양한 신기술이 적용된 제품으로 탄생하였다. 지난 10년간의 열정적인 실행의 밑바탕에 이렇듯 철저하고 치밀한 큰 그림이 존재했던 것이다.

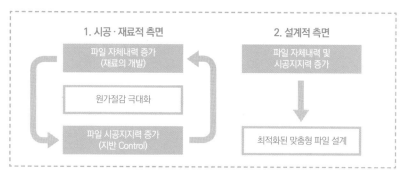

2004년 창업 초기에 계획한 파일의 발전 방향 MAP ①

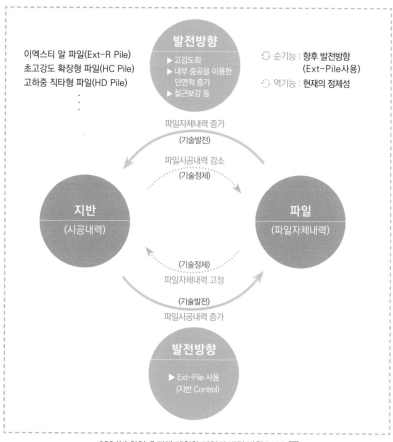

2004년 창업 초기에 계획한 파일의 발전 방향 MAP ②

백년 장수기업,
인간보다도 적다

SE의 구성원들과 SE, 둘 중 누가 더 오래 살까. 확률상 젊은 직원들은 앞으로도 50년 이상 살 것이니 SE보다는 구성원들이 이 땅에 더 오래 살아남을 것이다. 기업의 평균수명은 13년으로 우리가 생각한 만큼 그리 길지 않다. 설마, 이 정도밖에 안 될까 싶지만 엄연한 현실이다. 게다가 기업의 수명은 점점 더 짧아지는 추세이다.

케빈 케네디(Kevin Kennedy)와 메리 무어(Mary Moore)는 『100년 기업의 조건』에서 기업은 성장하면서 필연적으로 위기를 맞게 되는데, 진짜 위기는 환율이나 유가 같은 외부요인 때문이 아니라 지속적인 혁신의 실패나 학습 역량의 상실 같은 내부요인에서 비롯된다고 지적했다. 그들의 연구에 의하면, 세계 기업의 평균수명은 13년 정도밖에 되지 않는다. 어떤 기업인이 평생 동안 네다섯 번쯤 사업으로 흥망을 되풀이해야 일생을 다할 수 있다는 말이니, 생존은 그야말로 기업의 지상과제임이 틀림없다. 게다가 불과 30년도 안되어 80%의 기업이 쓰러지는 실정이니, 이 지구상에 존재하고 있는 기업들은 어쩌면 생존하고 있다는 그 자체만으로도 이미 모두가 다 위대한 기업인지도 모른다.

그러나 인간의 생명은 유한하지만 기업은 젊음을 유지할 수 있다. 그것도 무한히. 실제로 페이퍼 컴퍼니나 특수목적법인(SPC) 등이 아닌 일반적인 기업들의 수명은 따로 정해져 있는 게 아니다. 오늘날 법인의 대다수를 차지하는 주식회사는 수백, 수천 년을 살아갈 수도 있는데, 이 불로장생의 비결 아닌 비결이 바로 혁신이다. 기업의 혁신이라는 것은 마치 우리가 어린 아이였을 때처럼 몸 안의 세포들이 빠르게 재생되어 점점 성장해가는 것과 다르지 않다.

그런데 이 혁신이라는 것은 소통, 속도, 생존과 상호작용을 하고 있다. 혁신은 소통과 연관이 있고, 소통은 속도나 생존과 깊은 관계가 있다. 그리고 속도는 다시금 혁신과 긴밀한 연결고리를 가지고 있다.

기업이 혁신을 행해야만 하는 가장 큰 이유는 경쟁 때문일 것이다. 경쟁이라는 변수를 배제한다 하더라도 혁신은 생존을 위한 필연적인 행위가 된다. 그렇다면 생존경쟁에서 버티지 못하고 사라진 기업들은 혁신을 해내지 못한 때문일 것이다.

그토록 혁신을 강조했는데 도태된 기업들은 왜 혁신을 하지 못한 것일까. 그 까닭은 이성적으로는 혁신을 이해하면서도 실제로 제대로 된 혁신을 실행으로 옮기기가 무척 어렵기 때문이다. 혁신은 고통과 불편을 반드시 수반한다. '입에는 쓴 좋은 약' 처럼 혁신은 대다수의 인간에게 처음에는 달갑지 않은 존재로 비춰지기 마련이다.

지금 당장은 내키지 않고 어렵더라도 혁신은 꼭 행해야 한다. 혁신을 소홀히 한다면 제아무리 거대한 다국적기업일지라도 내일 당장의 운명을 장담할 수 없다. 반대로 혁신을 게을리하지 않는 기업은 세대가 바뀌어도 무병장수할 게 틀림없다.

모든 CEO가
밥 먹듯
얘기하는 혁신

아마 혁신을 바라지 않는 회사는 단 한 곳도 없을 것이다. 세상에 있는 모든 회사가, 모든 CEO가 혁신을 밥 먹듯이 얘기한다. 하지만 혁신을 이루어냈다고 호언장담하는 회사는 드물다. 단언컨대, 단 하루 동안 하는 혁신은 혁신이 아니다. 하루 굶는다고 다이어트가 되겠는가. 며칠 동안 무리해서 굶는다면 오히려 건강만 상할 뿐이다.

그런데 혁신이라는 미명 아래 너무 자주 바뀌면 그 변화속도에 사람들은 대처하지 못한다. 또 혁신을 수행하는 동안에는 성과가 부족하기 쉽다. 혁신을 한답시고 비용만 들이는 게 아니냐는 회의감도 들 것이다. SE뿐만이 아니라 그 어떤 회사도 비용에서 자유로울 수는 없다. 기업은 항상 효율적인 투자를 염두에 두고 시기를 저울질하고 성과를 따져 본다. 하지만 투입된 비용 대비 효과가 얼마나 있을 것인지 예측하여 그 값을 정확히 산출해내는 건 불가능에 가깝다. 변화의 옳고 그름에 대해 자신 있게 장담할 사람도 없을 것이다. 하지만 그 무엇인가는 바꿔야 하고 혁신하기 위해서는 그 무언가를 실행에 옮겨야 한다.

끊임없이 혁신을 꾀하다 보면 조금 바뀌기는 한다. 그런데 이마저도 대부분의 경우에는 조금 바뀌었다는 표시만 겨우 날 뿐이다. 어려우니까 어설픈 혁신은 꿈도 꾸지 말라는 얘기가 아니다. 며칠 굶는다고 다이어트가 되는 건 아니지만 잘 조절된 금식과 소식은 건강에 이롭다. 머리가 맑아지고 내장이 편안해지며 몸이 개운해지는 것, 보통 이 정도가 혁신으로 취할 수 있는 결과물일 것이다.

SE는 비즈니스 파트너들과 협업 속도를 높이기 위해 2000년대 중반부터 '액티브 포스트'를 사용했었다. 액티브 포스트는 메신저 개념의 소프트웨어로 2013년 초까지 사용했다. 2010년부터는 임직원 사이의 업무연락, 사내 게시판, 전자결재, 주소록 등 고객관리, 프로젝트 이력 관리를 위해 '프로젝트웨어'라는 프로그램을 2013년 초까지 사용하기도 했다. 그리고 2011년에는 잠시 '매니문'이라는 인터넷 소통도구를 활용한 적도 있었다.

2013년 3월경 SE는 다시 클라우드 서비스 기반의 구글 앱을 통한 업무시스템을 재구축했다. 구글 앱은 데이터 저장 공간이 넉넉하고, 보안에도 강점이 있다. 이동 중에도 편리하게 사용할 수 있어 일처리 속도가 빨라야 하는 중소기업에 아주 유용해 보였다. 그래서 SE는 적지 않은 비용을 감수하고 또다시 새로운 업무시스템을 꾸린 것이다.

이 시스템 구축에는 또 다른 이유도 있었다. 과거 10년 동안 두 차례의 역경을 극복한 SE는 최근 비교적 안정적인 성장의 시기를 지내고 있다. 기술개발에 대한 투자도 꾸준히 하고 있고, 무리만 하지 않으면 회사가 크게 흔들릴 일은 없을 것이라며 직원들도 이전보다 불안해하지 않는다. 그러나 혁신과 속도를 체계화할 수 있는 툴을 보유하지 못하고 있어 구글 앱을 도입했으며, 이를 'SE 클라우드(SE Cloud)'로 명명했다.

이전에는 자료를 저장하는 공간이 여러 곳이었는데, 지금은 한 곳으로 통합, 공유할 수 있게 되었다. 이 SE 클라우드를 통해 동시 다발적으로 진행되는 프로젝트 현황을 즉시 파악할 수 있어 손실되는 시간이 대폭 줄어들었다. 하지만 SE가 SE 클라우드를 도입한 가장 큰 동기는 세태의 흐름에 능동적으로 대처하기 위한 것이다. 동시에 이번 기회에 소통의 방법을 제대로 한번 만들어보자는 결단이기도 했다.

알다시피 SE는 모바일과는 전혀 어울릴 것 같지 않은 건설과 관련된 회사이다. 그런데도 SE는 정보화 쪽으로 무모하리만큼 새로운 시도를 해 왔다. 건설업[6]은 가장 느리게 변화해 가는 업종 중의 하나이다. 건설 중장비처럼 묵직한 그들의 행보와 쉽사리 변하지 않는 관행은 둘째 치고 업계에서 아직도 통용되는 일본식 용어만 봐도 알 수 있다.

건설업계는 대체적으로 보수적이어서 정보화에 투자를 하지 않아도 티가 잘 나지 않는다. 하지만 업적이 있는 건설업체들은 사람으로 치면 경륜이랄까, 체계화된 업무시스템과 노하우가 있다. SE는 이 장점들을 취하고 SE 클라우드 도입 이후 모든 임직원의 활용도를 높이는 데 심혈을 기울여 왔다. SE 구성원 전부의 활용이 SE 클라우드의 성공 여부와 직결된다는 판단에서였다.

2014년 1월 현재 SE 임직원들의 SE 클라우드 활용도는 100%에 육박하고 있는데, 이 시스템의 도입으로 고객사와 거래처 대응시간 감소와 결산 처리기간 단축 등의 효과를 거두고 있다. 원가는 10% 정도 절감하고 생산성은 15%쯤 향상시킬 것으로 적잖이 기대하고 있다. 이 15%를 달성하면 흡족하겠지만, SE는 10%에도 만족하고 5%만 되어도 다행이라고 받아들일 자세가 되어 있다. SE는 숫자는 숫자에 불과하고 퍼센트는 퍼센트에 지나지 않는다고 여기기 때문이다. SE 클라우드는 숫자놀음이 아니라 SE가 혁신의 마인드를 잃지 않고 있다는 강력한 물증일 따름이다.

모든 직원들의 업무 MAP을 체계적으로 만들어 놓고, 링크를 통해 처리하고 있다.

SE CLOUD SYSTEM = SE MAP + SE PROCESS + SE PROJECT + GOOGLE CLOUD

SE가 최첨단 기술로 촌각을 다투는 IT업종의 회사가 아닌 건 분명하다. 그런데도 SE는 이렇듯 업그레이드된 소통 방식을 계속 업데이트하고 있다. 데이터와 소통, 속도, 혁신의 중요성을 인식하고 실행하는 사내문화가 앞으로 SE에 더 깊이 정착될 것으로 SE 경영지원팀은 기대하고 있다.

"SE 클라우드 시스템은 장점이 아주 많습니다. 새로운 소통의 방식을 만드는 일이라는 생각까지 듭니다. 머지않아 이 소통 방식에 익숙해진다면 일처리가 혁신적으로 변할 겁니다.

SE의 혁신이 부단히 진행 중이라는 게 다행스럽다. 하지만 혁신은 수단이지 목적이 아니라는 점 또한 간과해서는 안 된다. SE 클라우드는 때로는 집착 같고 때로는 열정 같아 보인다. 하지만 SE의 혁신에 대한 지대한 관심과 노력을 지식경영(Knowledge Management)의 한 방편으로 이해하고 싶다.

"일하는 방법을 개선하거나 새롭게 개발하여 기존의 틀을 바꾸는 혁신으로 부가가치를 높이는 것."

피터 드러커(P. F. Drucker)의 '지식경영'에 대한 정의이다. 그래서 드러커의 인간중심 경영에는 인적자원이 자리하고 다시 그 한가운데에는 지식이 있다. 드러커는 성공하는 기업의 필수 요건으로 재능이 있는 사람들을 꼽았다. 그리고 그 지식 노동자들에게 자율권을 주어 그들이 가지고 있는 최대치의 능력을 발휘하게 해주어야 한다고 결론을 내렸다. 지식 노동자에게는 능동적인 일처리를 주문한 셈인데, 주어진 권한에는 책임이 따르기 마련이다.

SE의 주된 업무인 연구개발과 컨설팅에서 지식은 매우 소중하다. 왜냐하면 기본적인 지식 없이는 SE의 창의적인 일이 불가능에 가깝기 때문이다. 흔히 창조는 모방에서 나온다는데 모방을 하려면 이 모방의 원천을 제대로 알고 있어야 한다. 인간은 제 눈으로 보지 못한 것은 상상해내지 못한다는 주장이 과거부터 있어 왔다.

그런데 최근의 지식경영은 인간의 창의적인 능력 발현으로 그치지 않는다. IT기술을 활용한 데이터를 가공하여 응용할 수 있어야 한다. '인간의 창의적인 능력이 지식을 창조하는 원천' 이라는 주장이 기존의 경영철학과 조금 다르지만, 어쨌든 현재 지식사회에 있어서 경쟁력의 핵심은 '창의적인 인간이 가공해낸 창조적인 지식' 이다. 연구개발과 컨설팅을 영위하는 SE는 이 창조적인 지식을 다른 회사들보다 조금 더 필요로 하는 기업이다.

창조적인 지식과 혁신도 중요하지만 기업에는 혁신적인 기법으로 다뤄야 하는 일거리만 있는 게 아니다. SE도 여느 기업들처럼 생산, 인사, 재무, 마케팅, 회계, 이 다섯 가지 일반적인 관리업무를 하고 있다. 그러면서 SE는 마케팅과 생산(기술 개발) 측면의 혁신에 보다 집중하고 있을 따름이다. 재무파트는 SE 혼자만의 노력과 혁신으로 풀리지 않는 일들이 아주 많다. 건설 경기의 급등락 영향으로 SE도 호황일 때와 불경기일 때가 뚜렷이 구분된다. 경기가 좋을 때에는 제값을 부르며 수주할 수 있지만 불황일 때에는 저가에라도 수주할 수밖에 없는 처지에 놓이게 된다. 자금관리의 어려움은 하도급과 어음이라는 업계의 오랜 관행 때문이기도 하다.

SE는 결제대금을 주로 어음으로 받기 때문에 늘 어음 할인에 대해 신경을 쓰고 있어야 한다. 건설업은 호경기와 불경기의 구분이 건기와 우기처럼 뚜렷하므로, SE는 자금 흐름에 지금 당장 여유가 좀 있다고 해서 장기간 자금을 운용할 수는 없다. 어음 대신 90일 후 현금으로 주겠다, 아니면 180일 후 현금으로 직접 주겠다며 어음조차 발행해 주지 않는 거래처도 있다. 지난 수십 년 동안 이어져온 어음제도를 SE 혼자서 거부하고 타파할 뾰족한 수는 없다. 불경기에 대비하여 한 푼 두 푼 자금을 적립해두는 게 최선이라고 믿을 뿐이다.

여느 회사들처럼 SE도 금융기관에 갚아야 할 빚이 없기를 바란다. 하지만 자금의 효율성, 레버리지 효과를 염두에 둔다면 100% 찬성만 할 수 없는 계획이다. SE는 지금 고속으로 성장을 하고 있기 때문에 투자를 늘린다면 성장률을 더 높일 수 있다. 그리고 가용할 수 있는 자금은 자금난을 겪기 전에 미리 확보해두는 편이 낫다. 자금 조달능력, 기채(起債·채무를 일으킬 수 있는, 즉 돈을 빌리는)능력도 능력이다. 지금 대비해 두면 호미 하나로 막을 수 있는 걸 나중에 가래로 막을 필요는 없을 테니 말이다.

"사업을 시작할 때에도 제가 가진 돈과 담보로 빌릴 수 있는 돈 이외에는 쳐다보지 않았습니다."

남다르다 할 수 있는 발언인데, SE 송 대표의 자금관에 대한 판단은 독자들에게 맡긴다.

고정관념,
자라난 머리카락
자르듯 하라

고정관념은 고정된 것이어서 그렇게 불리는 건데 만일 그게 움직인다면 그것은 고정관념이 아니라는 우스갯소리가 있다. 웃어넘길 수만은 없는 뼈 있는 말이다. 하지만 한 가지 분명한 사실이 있다. 이 세상은 변하고 있다는 것이다. 빠르게 변하느냐 느리게 변하느냐, 정도의 차이만 있을 뿐이다. TV를 통해서 대충 보더라도 지구상에 변화와 무관하다 싶은 오지는 더 이상 보이지 않는 듯하다.

만약 이 변화를 거부한다면 회사 차원에서는 어떠한 일이 발생할까. Railways, 즉 철도라는 단어를 포함한 사명(社名)의 철도회사가 있었다. 자동차가 대중교통의 중심이 되어 가는데도 이 회사는 철도만을 고집했다. 그 사연은 놀라우리만큼 단순했다. 회사의 이름에 Railways가 있었기 때문에 경영진들은 머릿속에서 철도를 떨쳐버릴 수가 없었다. 다른 업체들이 철도사업에서 철수할 때가 오히려 기회라고 판단한 이 회사는 철도사업을 확장해 나갔다. 철도가 사라지지 않을 것으로 판단한 것이었다. 경영진들의 예측대로 철도는 사라지지 않았지만 철도를 이용하는 승객은 해마다 줄어들었다. 해가 갈수록 적자는 누적되어갔고 결국 파산하고 말았다. 철도라는 단어 하나가 그 회사의 운명을 좌우해버린 셈이었다.

철도를 중시한 전략 자체를 탓할 수는 없지만 철도만을 고수한 전술에는 분명히 문제가 있다. 만약 기차의 경쟁상대가 자동차가 아니라 비행기였다면 어떠한 결과를 낳았을까. 아마 이 회사는 유력한 차세대 교통수단인 비행기도 무시했을 가능성이 있다. 그리고 그 결과는 마찬가지였을 것이다. 미국, 러시아 등 땅덩어리가 넓은 나라에서는 비행기로 단번에 먼 거리를 가는 것보다 철도로 장거리 여행하는 게 돈이 더 든다. 기차를 타면 며칠 동안 기차 안에서 숙식을 해결해야 하기 때문이다. 비용을 무시하고 전적으로 자신의 취향만으로 선택 소비할 수 있는 풍족한 소비자는 그다지 많지 않다.

It's now or never

짐 콜린스(Jim Collins)에 의하면, 위대한 기업은 리더십, 비전, 전략, 혁신, 전술이라는 다섯 가지 경영요소를 성공적으로 실행하고 있다고 한다. 또 이지훈의 저서 『혼창통』에서는 기업의 성공 비결을 비전, 창조혁신, 소통이라고 했다. 사람들을 움직이게 만드는 가슴 벅찬 비전을 제시하고, '왜'라고 끊임없이 질문해가며 매일매일 새로워지고, 고객과 만나고 또 만나면서 뜻을 공유하는 기업들이 결국 성공을 만들어낸다는 것이다.

혼(魂)   ------   비전(Vision)

창조 · 혁신(創) ------   기술(Technology)

소통(通)   ------   마케팅(Marketing)

짐 콜린스의 『위대한 기업을 위한 경영전략』과 이지훈의 『혼창통』은 수많은 경영인의 공감을 얻은 책이다. 그런데 SE에는 위에 언급된 내용들이 딱 들어맞지 않는다. 무엇 때문에 어울리지 않고 어긋난 듯 보이는 걸까. 가장 큰 이유는 비전에 대한 사고방식의 차이 때문인 것 같다.

'사람과 사물을 더 가치 있게' SE가 내건 가치경영은 마이클 포터 (M. E. Porter) 교수의 '공유가치경영'(Creating Shared Value)과 가장 유사한 듯하다. SE는 사람과 사물, 특히 사람을 가치 있게 다듬어 가자고 주창하고 있다. 작게는 회사에, 크게는 사회에 기여할 역량을 쌓아가는 인재가 되자는 외침이다. 기업 측면에서 보면, 국민들과 사회가 필요로 하는 가치를 증진시키는 회사가 되자는 것이다. 뜬구름 잡는 것처럼 허황되거나 막연한 관념의 선언이 아니다. SE의 주업인 컨설팅은 다른 회사의 가치를 진작시킴으로써 자신의 몸값을 높여가는 사업이다.

SE의 연구개발 로드맵과 미래의 사업계획에는 자기 자신만의 이익이 담겨 있지 않다. SE가 자신의 이익을 얻으면 우리 사회는 큰 이익을 얻고, 우리 지구는 더 큰 이익을 누릴 수 있다는 비전이 있다.

SE의 가치경영은 비즈니스 모델에서도 엿볼 수 있다. 한마디로 요약하면 누이 좋고 매부 좋다는 윈윈 전략인데, 비즈니스 파트너의 가치를 높여 SE 자신의 가치를 향상시키고자 한다. 고객사가 비용을 절감할 수 있도록 도와주면서 SE는 그에 따르는 공법과 제품의 구매 중

가로 이익을 취하게 된다. SE의 이익이 늘어나면 늘어날수록 OEM방식으로 SE 제품을 생산해주는 협력사나 SE의 공법을 활용하고 있는 파트너들의 이익도 동시에 증가하게 된다. 그렇다고 해서 SE가 자선사업을 하는 회사인 양 오해하면 곤란하다. SE도 자기중심적인 목표를 갖고 있고 영리를 추구하는 법인이다. 세상사람 모두가 자기 자신을 위해 일하듯 SE가 땀 흘려 일하는 것은 생존과 자존감 때문이다. 성과를 이웃과 나눌 수 있을 때에 비로소 SE의 존재가치가 부각될 것으로 믿는다.

SE의 송 대표는 추정하기도 복잡한 머나먼 미래를 이야기하지 않는다. 5년, 10년 후의 비교적 가깝다 싶은 장래조차 그는 별로 고민하지 않는 듯 보인다. 그는 오늘과 현재를 중점적으로 생각할 뿐이다. 고민도 그다지 오래 하지 않는 것처럼 행동도 굼뜨지 않다. 일과시간의 대부분을 고민이나 생각보다는 어떤 특정 업무에 대한 구체적인 행위를 하면서 보내기 때문인 듯하다. 그래서인지 그는 임직원들에게도 치밀하면서도 꼼꼼한 일처리를 주문한다. 때로는 지나치다 싶을 정도로 세세한데, SE가 하는 주된 일이 컨설팅이다 보니 십분 이해는 간다.

SE는 2015년까지 기초지반 관련 분야 중 적어도 두 곳에서는 1위를 하겠다는 단기 목표만을 설정해 두었을 뿐이다. 이 경영목표마저 마지못해 정한 것 같다는 생각이 들 정도로 송 대표는 현실적이고 실용적인 면을 중시한다. 그 까닭은 어쩌면 중소기업인 SE가 통제할 수 없는 외부 환경적인 변수들이 너무 많아서일 것이다.

SE의 임직원들은 신년회나 주요 회의석상에서 이런 말을 듣곤 한다. "SE는 허상일지도 모를 장기적인 사업계획을 세우지 않습니다. 2, 3년 후의 대한민국 건설 경기도 예측하기 어려운 게 코앞의 현실인데, 10년, 20년 후의 계획과 목표에 어떠한 의미가 있는지 저는 잘 모르겠습니다. 우리 모두 오늘 해야 할 일을 오늘 다하면 됩니다. 오늘 하루, 내일 하루가 쌓여 지나가면 어느 순간 우리는 미래에 가 있겠죠."

송 대표의 말을 오롯이 이해하기는 쉽지 않다. 하지만 어렴풋이 납득할 수는 있을 것 같다. 오늘을 건너뛴 미래가 없고, 현재를 기반으로 하지 않는 비전은 무의미하다는 그의 주장을 말이다. 의미심장해 보이는 그의 말을 되새겨 본다. 뚱딴지같이 문득 'It's now or never'가 떠오른다. 엘비스 프레슬리(Elvis Presley)의 노래 제목으로 이탈리아 가곡 '오 솔레 미오'(O sole mio)를 영어로 번안하여 리메이크한 곡이다.

"It's now or never."

송 대표는 현실주의자라기보다는 현재주의자에 가까운 듯하다.

SE에는 미래의 꿈이 아닌 현재의 기술이 있다. 『대한민국 강소기업』의 저자 이장우 교수는 성공패턴 분석을 통해 중소벤처기업을 꿈과 비전을 앞세운 '비전 드라이브형', 마케팅 노하우를 발휘하는 '마케팅 드라이브형', 기술 아이디어와 개발력을 핵심역량으로 하는 '기술 드라이브형', 이 셋으로 구분했다. 비전, 마케팅, 기술, 이 세 가지는 대다수의 회사에서 혼합된 형태로 나타나는데, SE도 마찬가지이다. 성공패턴 분석의 분류에 따르면, SE는 '마케팅 드라이브형'과 '비전 드라이브형'의 성향을 조금 지닌 '기술 드라이브형'에 속한다.

기술 드라이브 유형에 속하는 강소기업 중에 '오스템임플란트'가 SE와 가장 유사한 것 같다. 임플란트가 일반 소비자들을 상대로 하는 제품이라는 차이점은 있지만 시술을 행하는 이들은 오스템임플란트라는 회사가 아니라 치과의사들이다. 오스템임플란트는 전 세계 모든 치과의사를 위한 의료 기술을 표방하며, 임플란트 시술에 대한 교육을, 특히 중국의 치과의사들에게 수년째 무상으로 진행해 오고 있다.

SE의 제품과 기술 역시 오스템임플란트의 방식과 비슷한 면이 있다. SE는 고객들에게 최선의 서비스를 제공하겠다는 취지에서 SE가 가진 기술과 노하우를 간혹 무료로 제공한다. 지반을 검토해주고, 지지력을 산정해주고, 적합한 공법에 공사비까지 분석해 주는데, 보강판과 소구경강관파일 등 SE의 제품들에 대한 수요를 점진적으로 확대하려는 의도도 없지 않다.

구글의
20%
프로젝트

    제아무리 파격적인 구글(Google)이라지만, 구글에는 정말 파격적으로 보이는 '20% 프로젝트'라는 제도가 있다. 하루 근무시간의 20%인 1시간 30분 동안은 직원들이 자신이 담당하고 있는 업무를 하지 않는 제도이다. 이것은 선택 사항이 아니라 의무 사항이다. 이 20% 프로젝트가 주목을 받은 이유는 G메일이나 위성지도를 제공하는 구글어스 같은 혁신적인 성과가 모두 이 시간 안에서 태동했기 때문이다. 구글맵스, 구글뉴스 등도 이 가외의 프로젝트가 발단이 되었고, 새로 선보이는 구글 서비스의 절반 정도는 이 20% 프로젝트가 출발점이다.

    결국 20% 프로젝트는 '20%의 시간'일 터인데, 이 시간은 다른 직원들의 눈치를 보지 않고 재량껏 사용할 수 있는 시간이다. 처음에 단순한 아이디어 차원이었던 20% 프로젝트가 정식으로 승인을 받으면 80% 프로젝트로 넘어가게 된다. 이 80% 프로젝트는 업무시간의 80%를 할애받기에 이 때부터는 정식 업무가 된다. 언뜻 보면 장난삼아 해보는 것 같은 이 창의적인 20%의 시간이 혁신의 아이콘 구글의 원동력이다.[7]

구글의 문화를 소화하여 내 것으로 완벽히 받아들일 자신이 있는 기업이라면 이 프로젝트를 지금 당장 행해도 좋다. 하지만 내 것으로 만들지 못하면 내 것이 아니다. 그래서 이 구글 20% 프로젝트는 함부로 적용되어서는 안 된다. 구글을 따라 하는 것만이 정답은 아닐 것이다. 구글의 문화가 우리 회사의 것과 융합 가능한지 따져보고 분석한 후 시행해도 늦지 않다. 기업 환경이 서로 다른데도 불구하고 무리하게 같은 룰을 적용시키려 하다가는 숱한 부작용을 초래할 것이다. 혁신에 대한 지나친 맹신은 과도한 관료주의와 결과적으로는 다를 바 없다.

SE는 2012년에 구축한 WRT(Working Resource Time)라는 시스템으로 구성원들이 각자 자기에게 주어진 시간자원을 관리하고 있다. WRT를 간단히 설명하면, 초등학생이 방학 시작할 때 쓰는 생활계획표 같은 시간자원 분석표이다. 년, 월, 일 단위로 세분화되어 있고 회사의 재원이 투입된다는 점이 다를 뿐이다. 누구에게나 똑같이 주어진 24시간을 잘 활용하라는 취지였지만, 처음에는 직원들의 불만도 적지 않았다. 아마도 사생활이 노출되는 듯한 심정이었을 것이다. 이는 WRT에 대한 오해에서 비롯된 일이다. WRT는 1인당 평균

생산성을 따지자는 게 아니라, 비상시에는 속도를 좀 높여 한번 해 보라는 격려이다. 출퇴근, 출장, 현장 파견근무, 휴가, 연차, 근무일 수 등 WRT는 임직원들 스스로 알아서 관리를 잘 해달라는 요청이기도 하다. 또한 WRT는 SE의 모든 구성원이 생산성을 고려해서 조금 더 능률적으로 일해 보자는 프로젝트이다. 사업부나 팀이 이룬 성과와 생산성을 다른 사업부나 다른 팀과 손쉽게 비교가 가능한 장점이 있다.

WRT는 기본적으로 속도이다. WRT로 소요되는 시간의 단축은 컨설팅의 신뢰 및 효율과 직결된다. 절약된 시간은 마치 충전된 듯 다른 업무로 돌릴 수 있고, 속도가 필요할 때 속도를 높이는 데에도 쓰일 수 있다. 때로는 과속이 될지라도 속도가 필요할 때는 가속페달을 꾹 밟아줘야 한다. 중소기업이 대기업과의 경쟁에서 살아남을 수 있는 유일한 길은 속도라고 SE는 믿고 있다. 기술과 자본력에서 월등히 앞선 대기업이 만약 속도까지 갖춘다면 중소기업으로서는 대기업을 도저히 당해낼 재간이 없다는 데 여러 중소기업이 동의할 것이다.

WRT는 부가적으로는 임직원들이 이뤄낸 성과에 대한 분석 툴이다. 어떤 성과를 내기까지 사람과 돈과 행정이 움직인다는 전제가 밑바탕이 되어 개발되었다. 계량화하느라 애를 많이 썼지만 사람과 행정에는 숫자로 표현할 수 없는 과정 또한 존재한다. 이 세상에 인간의 삶에 대한 완벽한 평가방식은 존재하지 않는다. WRT를 보조지표 삼아 회사에서뿐만이 아니라, 각자의 삶에서도 SE의 모든 임직원이 일과 생활의 밸런스를 유지할 수 있으면 되는 것이다.

SE에는 또 '기술관리 증식 시스템'이라는 게 있다. 이 시스템은 다목적인 듯 널리 활용되고 있지만, 원래 주된 용도는 사내 교육 프로그램이었다. 나중에 이 프로그램은 컨설팅 능력과 기법의 배양으로 한 단계 업그레이드됐다. SE의 직원들은 때로는 숙제도 해야 하고 때로는 시험도 봐야 한다. 현장에 쓰이는 건설장비, 지반의 특성, 여러 공법을 익히고 발표까지 한다. 발표를 하는 것은 컨설팅 수준을 한 단계 더 끌어올리려는 이유에서이다.

2000년대 후반까지만 해도 SE 임직원들은 입사했을 때 무려 11권이나 되는 책을 선물(?)로 받았다. 모두 기초지반과 관련된 땅 만큼이나 딱딱하고 재미없는 전공서적이었다. 이것이 다 컨설팅 때문인데, 지반의 상황에 따라 현장에서 즉시 다른 공법도 제시할 수 있어야 제대로 된 컨설팅이다. SE는 모 경쟁업체에서도 특수 지반에 대한 컨설팅 의뢰를 받은 적이 있을 만큼 컨설팅 능력 하나만큼은 우수하다고 업계에서 폭넓게 인정받고 있다.

물의 도시, 베네치아

한때 지중해를 주름잡은 베네치아는 세계 곳곳의 문물이 합류한 항구도시로 세계적인 관광지이다. '베니스의 상인'의 무대가 된 곳이고, 카사노바의 고향이며 국제비엔날레와 영화제로도 유명세를 떨치고 있는 관광도시이다.

영어로 베니스(Venice)라고 부르는 이탈리아의 베네치아는 원래 석호(潟湖)의 사주(砂洲)였다. 이 백여 개의 모래섬에 사람이 살게 된 것은 6세기경 유럽을 강타한 훈족의 침략때문이었다. 이주민들은 점토질 바닥에 통나무를 박고 석회암과 대리석을 얹어 인공 지반을 만들었다. 간척지 사이에 냈던 물길은 지금도 150개의 운하로 남아 있다. 이런 연유로 베네치아는 '물의 도시'라 불렸고, 곤돌라라 불리는 배가 주요한 교통수단이 되었다.

토양속의 통나무들은 공기가 차단되면서 화석화되어 단단한 토대를 형성했다. 그런데 이 토대가 조금씩 가라앉고 있다. 원래 모래가 많은 습지인 때문이기도 하지만, 19세기 후반 산업화의 영향으로 지하수를 많이 끌어다 쓰는 바람에 지반이 더 내려앉고 있는 것이다. 지반 침하와 더불어 기후변화로 인해 해수면이 상승했고 석호의 수위도 점점 올라가 현재는 연간 수십 회의 홍수가 발생하고 있다. 2008년에는 베니스 전 지역이 바닷물에 1.5m나 잠겼으며, 다음해에는 베네치아 시 면적의 45%가 잠기는 등 피해가 계속되고 있다.

이탈리아 정부는 수십억 달러의 예산을 투입한 '모세 프로젝트'를 실시하고 있다. 모세(MOSE)는 '전자식 기계장치 실험모듈(Experimental Electromechanical Module)'의 줄임말로, 성경 속 인물의 이름을 딴 것이다. 이 프로젝트는 가로세로 약 20m에 달하는 강철 상자 80여 개를 이용해 여닫이 방식의 갑문을 만드는 큰 공사이다. 석호 수위가 높아진다는 경보가 발령되면 상자 안에 공기를 주입해 방벽처럼 세워 바닷물의 유입을 막는다는 계획이다. 이 강철 상자들은 평소에는 바다 속에서 대기한다.

이탈리아 정부는 모세 프로젝트로 베니스의 홍수 문제가 해결될 것이라고 전망했다. 지하수 이용을 금지시킨 이후 지반의 침하가 멈춘 것으로 조사되었기 때문이다. 바닷물의 높이만 통제하면 된다고 생각했는데, 미국과 이탈리아의 공동연구진이 최근 조사한 바에 따르면 베니스는 지금도 계속 가라앉고 있다. 수십 년 후에는 무시하지 못할 만큼의 큰 변화가 베네치아에 일어날지도 모른다.[8]

[소통과 속도]

살아 있는 것은
침묵하지 않는다

「두 개의 귀와 하나의 혀」

"신은 인간에게 두 개의 귀와 하나의 혀를 주셨다. 인간은 말하는
양의 두 배만큼 들을 의무가 있다."

- 그리스의 철학자 제논(Zenon ho Elea) -

커뮤니케이션의
진화론

변하지 않은 옛 모습은 정겹지만 변화해 가는 모습은 때로는 경이롭기까지 하다. SE에는 '송 대표의 외계어'라고 불렸던 낱말, '그거'에 관한 우스갯소리가 하나 있다.

"그거, 그거, 왜 그거 있잖아?"

사업 초창기 눈코 뜰 새 없이 바쁠 때 송 대표의 입에서 자주 나왔던 말이다. 어느덧 습관인 양 굳어져버린 '그거'의 정체를 파악한다는 건 어느 누구에게나 호락호락한 일이 아니다. 그런데 임직원 중에 이 외계의 언어를 곧잘 알아듣는 이가 있었으니 바로 강혜선 차장이었다. 창립멤버로서 송 대표와의 소통의 노하우를 터득한 데다가 여성이므로 남자들보다는 센스가 있어서였을 것이다. 눈빛이나 손짓으로 서로 의사소통을 할 수 있으면 당연히 그 속도가 빠를 수밖에 없을 것이다.

느긋하지는 않지만 송 대표의 성격을 조급하다고 속단할 수만은 없다. SE의 차세대 주력 제품인 SAP(다목적 소구경 파일)은 구상에서부터 상용화까지 무려 5년이 걸렸다. 중소기업이 그토록 오랫동안 적지 않은 투자비를 들여 신제품을 개발하기는 여간 어려운 일이 아니다. SE SAP사업부 이철웅 부장의 표현을 빌리면, 송 대표는 '진짜 대범하게' 그 5년을 기다려주었다고 한다.

그런데 이 센스라는 것은 기본적으로 소통하고 일맥상통하는 것이지만 묘하게 속도와도 연결된다. SE는 한편으로는 한층 진일보한 듯 보이기도 하는 이 우스꽝스러운 소통방식을 체계화하고자 했다. 그래서 해법으로 내놓은 것이 앞에서 한 차례 언급한 구글을 통한 SE만의 클라우드 시스템이다.

소통에는 항상 상대방이 있기 마련이다. 둘 이상의 사람이 모여 팀을 구성하면, 즉 1인 기업이 아닌 업체를 꾸리면 자연스레 부각되는 문제가 있다. 바로 조직 안의 소통 문제이다. 조직의 구성원들과 소통이라는 난관을 거치지 않고 독단적으로 일을 하고 싶다면 혼자서도 운영할 수 있는 업종이나 1인 기업을 창업하면 된다. 이런 식으로 소통을 나중에 헤쳐 나가면 될 과제로 일단 미룬다 하더라도 곧 고객과의 소통 문제가 대두된다. 만능인이 아닌 한 혼자서 처리할 수 있는 일에는 분명히 한계가 있다. 그래서 사람이 필요하고 수십 세기 동안 사람들은 조직을 만들어 왔다. 자신의 결점을 보완해줄 수 있는 조력자는 누구에게나 필요한 법이다.

SE 송 대표는 인복도 따른 편이었다. 그에게는 밤낮을 가리지 않고 같은 길을 함께해 준 파일리더의 시연식 대표가 있었다. 그 외에도 창립멤버 몇몇이 있었다. 이들은 수년간 동고동락을 했는데 경제적으로 무척 어려움을 겪었다. 바른대로 털어놓으면, 창업 당시 송 대표의 자금계획이 순 엉터리였기 때문이다. 그가 예상한 시드머니가 과실이 된 시기는 일 년하고도 반년이 훨씬 더 지나서야 찾아 왔다. 그래서 창업 두 해 가까이 송 대표는 집에 단 한 푼도 가져가지 못했다. 다른 멤버들 역시 겨우 최저생계비 정도로 연명했을 뿐이다.

창립멤버들은 당시의 고난을 이렇게 회상한다. "젊었고 꿈이 있었기 때문에 버텼던 것 같습니다. 지금이라면 어림도 없겠죠. 그때 창립멤버들의 열정과 희생이 없었다면 오늘날 SE는 없었을 것입니다."

한 시 한 시가 소중한 시간은 창업에 있어서도 마찬가지다. 창업을 하려면 늘 세상의 변화에 관심을 갖고 시장의 흐름을 읽고 착수할 시점을 겨누고 있어야 한다. 어느 특정인에게 맞추어서는 그 때가 오지 않는다. 그가 그 때에 맞춰 움직여야 무언가를 성취할 수 있을 것이다. 어찌 보면 운이라는 것도 결국은 타이밍인 듯하다.

SE 송 대표는 시류의 도도한 흐름을 탔으니 운이 좋은 편이다. 그의 사업 아이템인 선단확장 이엑스티보강판의 수요자인 건설사가 VE(Value Engineering)를 한창 강조하는 시기였으니 말이다.

선단확장 이엑스티보강판은 현대산업개발에서 일할 때 그의 아이디어를 끊임없이 발전시키고 개선한 것이다. 당시 그의 구상에 대해 직장 동료들과 상사들의 반응 자체는 나쁘지 않았다. 그럭저럭 괜찮다는 평가를 받았으나 아이템의 매력보다 더 주안점을 둬야 할 것이 있다. 바로 창업에 대한 결단이었다. 그리고 이 결단 후 추진력을 실은 강력한 실행이 따랐다.

이처럼 소통과 타이밍 외에도 창업에 있어서 결코 빠트릴 수 없는 요소가 바로 실행이다. 실행 없는 상상만으로 우리는 그 어떤 결과물도 얻을 수 없다.

소통이
시너지다

　요즘 말로 바꾸면 시너지효과(Synergy Effect)에 해당될 말을 오나라 왕 손권(孫權)은 훨씬 더 멋있게 표현했다.

　"흠 하나 없이 완벽한 흰 털을 가진 여우는 이 세상에 없다. 그러나 여우의 털로 만든 온전한 흰 옷은 있다. 이것은 여러 사람의 힘으로 가능하게 된 것이다. 여러 사람의 힘을 합하여 쓸 수 있다면 천하에 대적할 자가 없고, 여러 사람의 지혜를 모아서 쓸 수 있다면 성인의 지혜도 두렵지 않다."

　역사 속의 인물이 홀연히 등장했는데, 앞으로 칭기즈칸, 나폴레옹, 카이사르 등 군사 분야에서 업적을 남긴 인물들을 더 선보일 작정이다. 근대 기업 조직은 먼 옛날 군사 조직에서 비롯된 산물이고, 오늘날의 기업 경영은 과거 군대의 통솔과 매우 밀접한 관계가 있기 때문이다. 칭기즈칸 등은 한 수 배우고 본받을 만한 장점을 가진 사람들이다.

하지만 굳이 옛 사람의 명언을 빌리지 않아도 소통은 혁신, 속도, 생존과 깊은 관계가 있다는 걸 알 수 있다. 규모가 작은 기업일수록 특히 강조되는 속도는 혁신과도 연결되고 속도는 다시 생존과 밀접한 연결고리를 가진다.

SE의 규모가 작고 인원이 적기 때문에 지금까지 소통에 별 문제가 없었을 것으로 생각하기 쉽지만 꼭 그렇지만은 않았다. SE의 구성원 중 창립멤버 격에 해당하는 임직원들은 거의 10년 가까이 회사와 함께하고 있다. 하지만 신입사원들은 그러하지 못한 편이다. 입사한 지 얼마 되지 않은, 채 1년도 근무하지 못한 사원들은 퇴사가 적지 않다. 그들에게는 애사심이 부족할 것이므로 이는 아마도 당연한 현상일 것이다. 평범한 중소기업 중의 하나일 뿐인 SE에 대한 애착이 신규 입사자 모두에게 한순간에 생겨날 리 없기 때문이다. 창업부터 지금까지 약 10년 동안 수많은 사람이 SE를 거쳐 갔는데, SE 임직원 모두가 익히 알고 있는 말이 있다.

"SE에 들어오기 어려운 만큼 나가라고 하지는 않는다."

SE에는 비정규직도 없고 고용 불안도 없다. 수많은 기업 중에 한낱 중소기업에 지나지 않는 SE이지만 이 말이 있어 SE 사람들은 자부심을 갖고 있는지도 모른다. 최근 회사에 대한 기만행위로 인해 사직을 권고 받았던 직원을 제외하고는 SE를 떠난 사람들은 모두 자발적 퇴사자들이다. 퇴사한 직원 중에 상당수가 SE와 지속적인 소통을 하고 있다. 그들 중 대다수가 SE와 상생, 협업을 하는 파트너들인 것이다.

어쨌든 인사가 만사라는 말도 있지만, 신입직원들의 잦은 조기 퇴사는 SE뿐만 아니라 모든 중소기업들에 주어진 영원한 숙제이다.

근자에 신규 임직원들의 이직률을 낮추기 위한 한 방편으로 활용되는 게 문화경영이다. 문화경영은 덤으로 신규 입사자들의 회사에 대한 적응 속도도 높일 수 있다. 구성원들이 문화 활동을 통해 감정을 서로 공유하고 소통이 조금씩 원만해질 때 그 기업은 자연스럽게 문화경영을 행한다 할 수 있다. 알다시피 문화는 스포츠, 영화, 미술, 책, 음악, 노래 등 모든 것을 망라한다. 문화경영에는 다양한 기법이 있으며, 실행하는 것 자체는 그다지 어렵지 않다. 큰 비용이 들어가는 문화 활동만 있는 것도 아니다. 문제는 지속성이다. 단번에 효과가 나타나는 약은 독약밖에 없다고 하질 않던가.

참고로 SE에는 신규 입사자들의 적응 속도를 높이기 위한 'SE 소개서'가 있다. 임직원들이 자주 가는 SE 본사 근처의 맛집이나 동료들의 기본정보 등이 담겨있는 재미있는 소개서이다. 기타 나머지 내용들은 독자 여러분의 상상에 맡긴다.

SE는 문화경영의 일환으로 전 직원이 참여하는 영화 관람과 산행 등을 시행하고 있다. 안양천 물가에서 벚꽃이 뿜어내는 봄기운을 느끼며 도시락을 함께 먹은 적도 있었다. SE의 모든 구성원이 '7번 방의 선물'을 보며 같이 울었고, 벚꽃을 감상하며 함께 웃음을 나누었다. 슬픔은 나누면 반이 되고 기쁨을 나누면 배가 된다는 옛말 또한 소통이었다.

그런데 사람들의 취향은 다양하다. 어느 누구는 등산을 좋아하지만, 어떤 사람은 등산을 싫어할 수도 있다. 영화 한 편 감상하는 것에도 사람들의 반응은 제각각이다. 취미가 서로 다른 수십 명이 모여서 단체활동을 하는데, 모든 사람을 만족시킬 수 있는 이벤트는 없다. 그래서 SE는 부서별로 게임을 하거나 단월드 강사를 초빙해 명상호흡을 하며 지리산 둘레길을 걷기도 했다. 또한 경북 영주의 명소 부석사를 탐방하기도 하고, 2012년엔 전남 진도로 2013년엔 경남 통영과 한산도로 이순신 장군 리더십 워크샵을 가는 등 주제를 바꿔가면서 문화활동을 다양화했다.

해마다 1월 2일은 거의 모든 회사가 시무식으로 새로운 1년을 시작한다. 하지만 2013년 1월 2일, SE의 구성원들은 청계산으로 겨울 산행을 갔다. 산 정상에서 신년을 맞이하며 개인적인 바람과 회사에서의 다짐을 각자 기록으로 남겨두었다. 몇몇 임직원은 서로 금연, 다이어트, 매출 달성 등에 내기를 걸기도 했다. 연초의 바람과 다짐, 각자의 소망과 계획이 연말에 어떤 결과를 낳았는지. 자못 궁금하다.

한산대첩의 의미를 되새기는 워크샵

"이만 원."

"이만 삼천 원."

"이만 사천 원."

"이만 사천 원, 더 이상 없습니까? 없는 거 맞죠? 이 선물세트는 이만 사천 원에 낙찰되었습니다."

명절 즈음 회사에 들어온 선물을 경매하여 나눔활동에 사용한다

2011년 이후 추석과 설, 명절 때마다 회사 앞으로 배달된 선물에 대한 경매를 실시했다. 기부금을 모으려는 취지였는데, 임직원들이 모두 모인 가운데 경매가 치열하게 진행되었다. 낙찰을 받은 임직원들은 자신이 원하는 선물을 얻을 수 있어서 좋고, 경매를 통해 확보된 자금은 기부를 할 수 있어서 더욱 뜻 깊은 행사였다.

그런데 SE 임직원들이 뽑는 최고의 소통은 '작은 소원 들어주기'라는 행사이다. 임직원끼리 서로서로 챙겨준다는 느낌 때문이었는지 반응이 가장 좋았다. 아마 동료로서 공감대를 조금이나마 느꼈기 때문일 것이다. '작은 소원 들어주기'는 10만 원 이하의 그다지 부담가지 않는 금액으로, 그야말로 SE 구성원의 작은 희망사항을 해소해 주자는 취지에서 비롯됐다. 이 행사가 거듭되면서 서로서로 소통이 점점 더 원활해지는 것 같다며 모두 기뻐하고 있다.

이처럼 소통은 저절로 이루어지는 것이 아니라 노력의 산물이다. 아이디어와 혁신이 노력의 산물이듯.

문화경영의 유효성을 인정한다 하더라도 중소기업은 경영환경의 변화에 민감할 수밖에 없다. 그래서 반복적이고 규칙적인 문화행사를 꾸준히 실시하는 것 자체가 만만치 않은 일이다. 하지만 지극히 단순하면서도 간편한 문화경영 사례는 얼마든지 있다. 예를 들면, 최근에는 인문학 책을 활용한 독서경영이 주목받고 있다. 책은 공유하는 감정의 깊이를 더할 수 있는 좋은 도구이다. 도서 구입비는 다른 문화경영 사례와 비교할 필요조차 없을 만큼 적게 든다. 이렇듯 쉽게 실행할 수 있는 문화경영부터 하나하나 실천해가면 사내 소통에 꽤 도움이 될 것이다.

책값이 정말 부담된다면 가끔 경쾌한 음악을 크게 틀어도 좋다. 음악 감상을 같이하고 나서 회의를 하면 기대한 수준 이상의 묘안이 나오기도 한다. 감정이 서로 통하게 되면, 침묵이 흐르던 회의 분위기가 전혀 다르게 바뀔 것이다.

아담과 이브 때부터
소통은 어려웠다

"한때는 함께 술을 마셔주는 게 진정한 소통인 줄 알았다." SE 송 대표가 어렵사리 속내를 털어놓았다. 때로는 임직원들과 술 한잔이 필요하지만, 그것만으로는 뭔가 아쉽고 부족하다. 때로는 감정적인 소통뿐만이 아니라 합리적이며 이성적인 소통도 필요하다는 말이다.

술을 마시는 게 소통이라면, 이는 삼성경제연구소가 분류한 소통의 3대 유형 중 '정서적 소통'에 해당한다. 다른 두 가지의 소통은 업무적 소통과 창의적 소통이다. 이 업무적 소통과 창의적 소통은 송 대표가 진정한 소통이라고 주장하고 싶은 정보와 노하우 등의 공유와 별반 다르지 않다. 최근 창조와 혁신의 돌파구로 기업들 사이에서 유행한 소통의 핵심 내용이다.

창업 초기 작은 사무실에서 적은 인원이 일할 때에는 소통이 특별한 고민거리가 아니었다. 회사가 어떻게 돌아가는지, 무슨 일이 급하고 중요한지 모두 알고 있었다. 조그만 사무실에서 같이 일하는데 모르면 그게 되레 이상한 일이었다. 그런데 회사의 규모가 커지고 여러 부서가 생겨나면서 구성원들은 자기가 맡은 일에 주력하게 되었다. 그러다보니 업무적 소통과 창의적 소통이라는 게 자연스레 필요하게 되었다. 이 소통의 문제는 중소기업이 발전해가면서 겪는 성장통으로 그치는 게 아니다. 어느 한 기업이 소멸할 때까지 따라다니는 만성적인 질환이 아닐까.

여느 회사들처럼 SE에서도 소통의 시간은 주로 회의시간이다. 그런데 SE의 회의시간은 길다. 회의가 늘어지는 데에는 사연이 있을 법한데, 가장 큰 이유는 송 대표가 임직원들을 미덥잖게 여기기 때문인 듯하다. 이는 설립된 지 얼마 되지 않은 중소기업들에게서 나타나는 공통적인 현상 중의 하나이다. 창업 초기에는 사장이 거의 모든 주요한 업무를 혼자 담당하기 때문에 중소기업의 CEO들은 자기가 회사의 모든 분야에 대해서 담당 임직원들보다 더 잘 안다고 생각한다. 실제로 중소기업의 실정을 가장 잘 아는 사람은 그 회사의 설립자인 경우가 허다하다. 문제는 설립자 혼자 회사의 임직원 모두와 직접 소통할 수 있을 때까지만 그러하다는 것이다. 회사의 규모가 커지고 설립자 혼자 감당할 수 없을 만큼 인원이 늘어나면 설립자는 한 발 물러서서 임직원들을 지원해 주는 편이 낫다.

조직의 소통은 상호 신뢰의 문제인 동시에 경영자의 스타일 문제이기도 하다. 경영자마다 아니, 사람마다 성격과 스타일은 제각각 다르다. 핵심적인 의사결정만 내리는 경영자가 있는 반면, 작은 일까지 일일이 챙기는 경영자도 있다. 말수가 적은 CEO도 있지만 그렇지 않은 경우도 있다. 그런데 CEO의 단언은 임직원들이 빗나가고 있다는 신뢰의 문제로까지 확산될 가능성이 크다. 특히 오너 겸 대표이사의 발언은 무게가 다르다는 걸 항상 유의해야 한다. 어느 CEO가 회의 중에 자신의 말이 옳다고 하는 것은 자신의 지시에 따르라는 말과 같다.

CEO와 임직원들 간에, 특히 대표이사의 말이 자꾸 많아지는 것은 기본적으로 상호 신뢰가 부족한 때문이다. 이 난제를 단박에 해결할 수 있는 비책이 소통이다. 진정한 소통은 대표이사와 임직원들 사이의 신뢰를 회복하고 강화할 수 있다. 하지만 소통은 정말 어렵다. 아마 아담과 이브 때부터 소통은 어려웠을 것이다. 소통의 달인인 카이사르, 링컨, 나폴레옹처럼 소통을 잘할 수 있는 사람은 드물다.

회사에서의 주된 소통으로는

첫째, 회의

둘째, 업무 보고

셋째로는 업무 지시가 있다.

이중 SE의 업무 보고형식은 좀 특이하다. 예를 들어, 파일사업부의 본부장이 대표이사에게 보고하는 내용을 다른 부서의 임직원들도 동석해서 같이 경청한다. 의문이 나면 보고가 끝나는 즉시 파일사업부의 본부장에게 직접 질문을 한다. 그러면 파일사업부 담당 본부장은 다른 부서의 임직원들의 질문에 대한 답변을 한다.

　이와 같은 방식으로 보고가 이루어지면 자연스럽게 파일사업부 업무에 대한 공유가 이루어진다. 파일사업부 부서 내에서는 잘 보이지 않던 미비점이나 취약점들이 타 부서 임직원들의 새로운 시각에 의해 곧잘 드러나기도 한다. 부서 간의 원활한 업무 협조도 이 소통의 목적에서 적지 않은 비중을 차지한다. 보고시간의 단축으로 얻는 시간은 부가적으로 얻는 짭짤한 수입인 셈이다.

정적마저
감복시킨 **링컨**

소통의 대가인 링컨과 나폴레옹의 소통 기법을 소개한다. 그들의 기법을 알고 나서 나는 왜 그들처럼 소통하지 못했던가, 자책할 필요는 없다. 그들은 당대뿐만이 아니라 지금 후대에서도 인정받는 소통의 달인이다. 게다가 개인이든 회사든 처한 상황이 모두 다르기 때문에 올바른 소통 기법이 오직 하나만은 아닐 것이기 때문이다.

먼저 손권이 말한 대로 여우털로 새하얀 옷을 만든 듯 보이는 인물, 그가 바로 손권보다 1,500년 후에 태어난 에이브러햄 링컨(Abraham Lincoln)이다. 링컨은 대통령이 된 후 뜻을 같이할 수 있는 이들은 비록 야당일지라도 모두 끌어다 썼다. 야당에서도 등용을 했는데 같은 당의 경쟁자들을 링컨이 어떻게 대우했을지 언급할 필요조차 없는 일이다. 그가 국무장관으로 임명한 슈어드(W. H. Seward)

는 공화당 내 경선에서 가장 큰 라이벌이었다. 링컨은 슈어드가 자기보다 공직 경험이 더 풍부하다는 점을 높이 샀다. 팁 하나를 덧붙이면, 슈어드는 러시아로부터 알래스카를 매입한 희대의 일화를 남긴 인물이다.

링컨이 기용한 법무부 장관, 재무부 장관, 해군장관, 우정장관 등도 당대 미국 최고의 행정가나 정치가들이었다. 이들을 한자리에 모아놓고 링컨은 대통령으로서 무엇을 했는가. 노예제 폐지라는 인류사에 길이 남을 업적을 이루고, 미국의 분열과 내전의 상처를 극복해냈다.

미국의 남북전쟁 당시 링컨 대통령은 남부군을 격파할 수 있는 전략을 갖고 있었다. 하지만 군사 분야에서 배경이 없던 링컨은 장군들에게 무시를 당하곤 했다. 다행히 머지않아 링컨은 율리시스 그랜트(Ulysses S. Grant)라는 인물을 만날 수 있었다. 그는 링컨과 같이 남부군에 적극적인 공세를 가해야 한다고 믿었지만, 그도 자기 주장을 지나치게 내세우는 사람이 아니었다. 링컨은 그랜트 장군을 만나자마자 자기 사람으로 만들어 그에게 군 지휘권을 맡기고 그의 신념대로 전쟁을 이끌어가도록 했다.[9] 링컨과 그랜트 사이를 이간질하려는 음모가 있었다. 그랜트 장군이 항상 술에 취해 있다는 험담이 들려오자 링컨은 진상을 파악한 뒤 이렇게 말했다.

"그랜트 장군이 애용하는 위스키 상표를 알아 보게. 모든 장군들에게 당장 그 위스키를 보낼 테니 말이야."

대통령에 출마한 링컨을 가장 괴롭힌 사람은 스탠턴(E. M. Stanton)이었다. 스탠턴은 미국 전역을 돌아다니며 링컨을 헐뜯었다. 그는 링컨의 이름조차 부르지 않았다. '긴 팔 원숭이', '깡마르고 무식한 자'라고 놀려댔다. 하지만 대통령에 당선된 링컨은 주위의 반대를 무릅쓰고 스탠턴을 국방장관에 임명했다. 전시인데도 불구하고 링컨은 전혀 개의치 않았다.

　"스탠턴은 나를 비난했지만 국방장관으로는 적임자이다. 이미 지도자가 된 나는 공과 사를 구분할 줄 알아야 한다."

　링컨은 스탠턴이 정직하고 원칙을 밀고 나가는 스타일이라는 걸 잘 알고 있었다. 스탠턴은 과연 링컨의 기대대로 남북전쟁을 승리로 이끄는 데 큰 역할을 했다. 몇 년 후 링컨이 암살당했을 때 자원하여 장례식 조사를 한 사람은 스탠턴이었다. 그는 울먹이며 링컨을 추모했다.

　"링컨은 역사적인 인물이다. 링컨의 사랑에는 사람을 변화시키는 힘이 있다. 그는 이 시대의 위대한 창조자이다."

　가슴 찡한 이야기지만 링컨이 성인군자 같은 인품이어서 그들을 등용한 것은 아니었다. 위인이라 불리는 그에게도 평범한 사람들과 같은 면이 있었다. 화가 치밀어 오를 때는 주먹을 사용하는 일도 서슴지 않았다. 자신을 비난하는 장군들과 정적들에게 링컨은 불같은 화를 곧잘 내곤 했다. 그리고 밤새 편지를 썼다. 그런데 장군들과 정적들의 신상에는 아무런 일도 일어나지 않았다. 편지를 쓴 다음날 아침, 잠에서 깨어난 링컨이 그 편지를 부치지 않았기 때문이었다.

영혼에 말을 한
나폴레옹

2005년 SE는 '만수'라는 이름의 회사와 싸움을 벌였다. '만수'는 항타사로 SE의 공사 3건을 맡아 시공한 적이 있어 처음에는 사이가 좋았다. 그런데 SE의 신기술이 탐난 '만수'는 SE 몰래 독자적으로 수주를 하고 다녔다. 선단확장 이엑스티파일을 항타한 경험을 살려 SE 선단확장 이엑스티보강판과 유사한 보강판은 거저 줄 테니 파일 시공을 맡겨달라고 업체들을 꾀었다. 게다가 '만수'는 항타사 모임의 임원 자격으로 SE 선단확장 이엑스티파일에 대하여 항타를 거부하자며 연판장을 연거푸 돌렸다. 결국 SE는 자신을 끊임없이 괴롭히는 '만수'와 소송을 하게 되었고, 그 결과 SE의 특허 2건과 유사제품의 특허가 모두 무효화됐다.

큰 낭패였으나 천만다행으로 SE가 가진 특허는 2건이 전부가 아니었다. 만약 SE가 가진 수많은 특허가 설계, 제조 등 여러 분야의 기술로 다양하게 구성되어 있지 않았다면 SE는 아마 그때 망하고 말았을 것이다. SE는 즉시 이 사실을 관련 업체들에 알렸지만 그들을 완전히 납득시켜 거래를 정상화하는 데 크게 애를 먹었다.

SE의 특허는 설계·제조·장비·시공 등 여러 분야의 기술로 다양하게 구성되어 있다

할지 말지 무척 망설였던 얘기지만, 경영전략 수립에 다만 한 조각의 도움이라도 됐으면 하는 바람으로 풀어놓았다. 그리고 '만수'가 2011년 부도를 내고 소멸해 버렸기 때문에 실명을 공개했다. 고의부도인지 아닌지 명백하지는 않지만 그 당시 '만수'는 거액의 어음을 발행했다는 소문이 돌았다. 시간을 거슬러 올라가 2005년 '만수'가 잔꾀를 부리지 않았다면, SE와 소통이 잘 되어 서로 비즈니스 파트너가 되었다면 '만수'의 운명은 달라졌을까. 세상에 쉬운 일은 없다는 세인의 말처럼 사업에도 편안한 왕도(王道)는 없어 보인다.

속도의 대가 나폴레옹은 소통에 있어서도 일가견이 있었다. 그의 명령은 구체적이고도 명확하여 장교들은 나폴레옹이 원하는 것이 무엇인지 바로 알 수 있었다. 그러면서도 그의 명령은 장교들이 나름대로 생각하고 해석할 수 있는 여지를 주었다. 그는 종종 우연히 발생할 수 있는 상황을 일일이 일러주면서, 장교들에게 자신의 명령을 변용할 수 있는 방법까지 제시해주곤 했다. 하지만 무엇보다 중요한 것은 그가 명령을 통해 장교들에게 영감을 불어넣었다는 것이다. 그의 언어는 그의 소망이 담긴 정신을 전달했다. 아름답게 가다듬어진 명령은 더욱 힘을 발휘했다. 그의 명령을 받은 이들은 그의 야망을 실현시키기 위해서 존재하는 하찮은 사람이라고 여기지 않고 그의 위대한 대의에 동참하는 것으로 믿었다.

소통에 있어서만큼은 불세출의 황제였던 나폴레옹은 다음과 같은 말을 남겼다.

"사람은 몇 푼 되지 않는 돈이나 사소한 것으로 자신을 쉽게 내던지지 않는다. 사람의 마음을 움직이려면 반드시 그의 영혼에 말을 해야 한다."

무미건조하고 관료주의적인 명령이 아래로 전해지면 열의 없는 행위와 부정확한 실행을 낳을 뿐이다. 반면 간결하고 명확하고 영감을 불러일으키는 명령은 사람들에게 힘을 주며 사기를 불어넣는다.[10]

아담과 이브 때부터 소통은 어려웠을 것이다. 둘 사이의 소통도 만만치 않은 터라, 셋 이상의 사람이 모인 곳에서는 소통으로 인한 문제가 반드시 야기된다고 보면 된다. 게다가 상황마다 제각각이기 때문에 완벽한 소통은 진정 어려운 일이다. 그런데도 불구하고 링컨과 나폴레옹의 소통방법을 살펴보면, 그들은 사람들의 각기 다른 생각과 마음을 단합시켰다는 것을 알 수 있다. 대다수의 마음을 그들이 원하는 방향으로 움직인 링컨과 나폴레옹은 정말 대단했다.

　오늘날 휴대폰이나 이메일로 소통의 수단은 바뀌었지만 글과 말이라는 기본적인 소통의 도구는 변하지 않았다. 소통은 어렵기 그지없지만 소통의 원칙은 과거와 크게 달라지지 않았다. 어쩌면 기업에서의 소통이 실은 그다지 어렵지 않을 수도 있다. 기업에서의 제대로 된 소통은 소수의 의견을 다른 의견을 견지하는 다수가 건설적으로 수용할 때 시작되어 소수가 제시한 방향으로 함께 움직였을 때 완성된다. 또 다른 진정한 소통은 의사결정권을 지닌 CEO를 비롯한 상사가 부하 임직원의 의견을 적극적으로 경청할 때 이루어진다.

SE의
실용주의 소통법

SE의 신입사원 교육은 뭐 이런 걸 다 시간을 들여가며 교육하나, 하는 의문이 들 정도로 구체적이고 세밀하다. 신규 입사자는 3개월에서 6개월 사이에 OJT(On the Job Training)과정을 거치는데, SE는 인사하는 법, 전화 응대법 등 초보적인 과정도 별도의 시간을 할애하여 교육을 진행한다. 그 다음 기술 위주로 구성된 지식을 교육받고 컨설팅 노하우 등을 전수받는다. 경력사원들은 3개월의 OJT를 받는다. 주로 소통 위주의 교육을 받는데 SE의 직원으로서 필요한 기본적인 교육이다. 직장생활에서는 물론 살아가는 데 도움이 될 만한 가치 있는 체험과 상식적인 수준의 지식 등을 익힌다.

교육 내용을 좀더 살펴보면, 실무 교육중심으로 아주 구체화되었다는 것이 다른 회사들과 다르다. 영업에 대한 교육도 노하우 중심으로 세세한 편이다. 팁으로 SE 영업 노하우를 조금 공개한다. 첫째, SE는 공사완료 보고서로 고객들에게 비용절감 내용을 한눈에 보여준다. 둘째, 불특정 다수가 아닌 구조설계사를 타켓으로 현실적인 마케팅을 중점적으로 펼친다. 구조설계사는 300여 군데가 있으며 회사 규모는 작지만 정보가 모이는 곳이다. 중소기업인 SE의 인원과 영업력을 고려했을 때 최선의 전술로 보인다. 셋째, SE의 선단확장 이엑스티파일 이후 시장에 우후죽순 선을 보인 유사 파일들을 역으로 활용한다. 그 어느 누구도 이의를 제기하기 어려운 것은 보강판의 원리를 모방한 파일들이 SE 선단확장 이엑스티파일의 우수성에 대한 직접적인 증거라는 점이다.

아래는 사내교육을 마친 후 신입 직원들이 작성하는 OJT 완료보고서 중 일부이다. 일에 있어서 SE가 얼마나 꼼꼼한지 한눈에 알 수 있다.

1. 자가 차량을 이용하여 경상북도 경주시 신월성 현장을 방문했을 때를 가정하여 행정처리를 해보시오(출장비 정산, 출장보고서, 근태관리, 일정관리).
2. 2012년 4월 20일 입사한 후 2013년 3월 20일 개인 사정으로 인한 연차휴가를 신청해 보시오(신청 일수와 방법, 개인별 연차, 공동연차의 계산방법 활용).
3. 모 업체와 신규로 거래계약을 체결하게 되었습니다. 각 사업부에 맞게 행정 절차를 진행해 보시오.

사규(社規)를 세세하게 정해 놓으면 업무의 양이 늘어날까, 줄어들까. 규정을 숙지하는 데 시간이 걸리겠지만 익숙해지면 일처리에 있어 직원들이 오히려 편하게 임할 수 있을 것이다. 상사로부터 업무 지시를 따로 받지 않아도 되니 말이다.

위의 원론적인 이야기에서 한걸음 더 나아가, SE에서는 SE 클라우드를 활용해 기업 활동을 정리한다. 예를 들어 교육이라면 내부 전체 교육, 본부별 워크샵, 외부 세미나 등으로 분류하고 장소, 내용, 참가자, 교육비, 사진 등을 구글에 기록한다. 학생들이 방학숙제로 일기를 쓰는 것처럼 보이지만 이것은 남에게 보여주기 위한 일기가 아니라 SE 구성원들의 실제 회사 생활이고 SE의 기업 활동이다.

최근 한겨레신문에 구글의 직원 채용 기준에 대한 담당 임원의 인터뷰 기사가 실렸다. SE의 송 대표는 구글의 채용 기준이라며 다음 네 가지를 거론했다.

첫째, 문제를 해결할 수 있는 보편적인 인지 능력을 체크한다. 둘째, 리더십을 점검한다. 구글의 수평적 조직 구조에서 문제발생 시 해결을 위해 상황을 장악하는 능력을 본다. 평상시에는 나서지 않고 물러서는지를 따진다. 셋째, 소통 능력, 협력 태도, 업무에 대한 신념 등 구글의 기업문화에 맞는 사람인지를 파악한다. 넷째, 업무 수행 능력은 맨 마지막에 본다.

송 대표는 구글의 채용기준을 언급한 뒤 딱 자르듯 말했다. "구글이 대기업이기 때문일 것이다. 그리고 구글의 창의적인 개발업무라는 특성상 일상적인 업무 수행능력이 덜 중요해서일 것이다. 다른 대기업들도 구글 같은 채용방식을 무작정 따르지 않는다. 대다수의 회사는 직원 채용 시에 업무능력을 가장 먼저 고려한다. 중소기업인 SE에서도 우리에게 필요한 업무능력을 먼저 파악해 봐야 한다."

이제 SE의 인재상을 소개할 차례인 것 같다.

SE가 바람직하다고 여기는 인재는,

첫째가 신뢰하는 인재이고

둘째는 갈등이 적은 인재이고

셋째는 지식보다 지혜가 있는 인재이다.

이 중 둘째인 갈등이 적은 인재는 부연설명이 필요할 것 같다. 과거의 실패에 얽매이지 말고 이미 지나가버린 일에 연연해 하지 말자는 의미이다. 또한 닥치지도 않은 미래를 근심스럽게 여기지 말고 현재에 충실하자는 의미이다. 셋째인 지식보다 지혜가 있는 인재는 세련되고 센스 있게, 프로답게 일처리를 하는 임직원을 가리킨다.

앞서 회사에서의 주된 소통으로 회의, 업무 보고, 업무 지시가 있다고 했는데, 실은 이보다 앞서 면접이라는 또 하나의 중대한 소통이 있다. 이 소통은 회사가 필요로 하는 인재를 얻기 위한 과정이기도 하고 입사를 원하는 이들이 거쳐야 하는 첫 관문이기도 하다.

입사 희망자들의 천편일률적인 자기소개서를 읽어 본 송 대표는 여러 차례 실망하곤 했다. 그래서인지 그의 직원 면접방식은 남다른 데가 있다. 그는 입사 희망자를 면접할 때, 입사 희망자 본인과 다른 사람과의 차이점이 무엇인지 꼭 물어본다. 그가 원하는 또 다른 하나는 평범한 자기소개서가 아니라 실용적이면서도 경쟁력 있는 자기평가서이다. CAD를 어떤 수준으로 활용하는지, 어떤 설계를 했고 지금은 어떤 설계를 할 수 있는지 이런 내용들이 자기평가서에 담겨야 한다.

송 대표는 또 경력사원 채용 시에는 입사 희망자가 그동안 실행한 업무나 성과에 대해 분석해 보라고도 한다. 동시에 그가 가진 업무능력 이외의 다른 능력의 가능성을 파악하려 애쓴다.

송 대표는 개성 있는 임직원을 선호하는데, 솔직히 말하면 SE와 어울릴 수 있는 개성을 지닌 임직원을 좋아한다. SE와 조화를 이루기 힘든 개성은 약이 되기보다는 독이 되기 십상이기 때문이다.

송 대표는 자발적으로 중소기업에 도전한 사람이 낫다고 생각하는 편이다. 대기업에서 오직 한 가지 업무만을 다루며 타성에 젖은 사람은 중소기업에 적응을 잘하지 못할 수 있기 때문이다. 전담업무만 처리하면 되는 대기업과 달리 중소기업에서는 이곳저곳에 쓸모 있는 능력을 겸비한 사람이 더 우대받을 수 있다. 대기업 출신 직원이 중소기업에 적응하려면 3년이라는 긴 시간이 걸린다는 게 송 대표의 솔직한 속내이다.

거래처가 하나 둘씩 생겨나고, 파일 매출이 간헐적으로 때로는 폭발적으로 증가하고, 연구개발 과제가 점점 늘어나면서, SE에도 각종 서류들이 쌓여만 갔다. 송 대표의 책상 위도 마찬가지였다. 밤을 새서 작업을 해도 감당하기 어려울 정도였다.

빅 데이터는 최신 화젯거리인데 데이터의 양이 많다고 무작정 좋은 건 아니다. 데이터는 그냥 데이터일 뿐이다. 인터넷은 유용하지만, 인터넷에 떠도는 부실한 데이터들은 바다를 떠다니는 쓰레기처럼 느껴지기도 한다. 이 불량 데이터들은 충실한 데이터를 검색하는 데 오히려 방해만 될 뿐이다. 그래서 수많은 데이터 중에서 먼저 제대로 된 양질의 데이터를 추출해내야 한다. 걸러낸 데이터를 용도에 맞게 가공해낸 연후에야 데이터는 문제 해결에 실질적인 도움이 되는 정보로 격상된다.

SE에서도 쌓여가는 자료들을 정리해 전산화, 정보화로 문서작업에 소요되는 시간을 줄여가는 수밖에 달리 도리가 없었다. 그와 동시에 각종 서류들을 분류하고 꼼꼼하게 정리하여 나중에 ISO 9001 인증까지 받았다. 인증을 받아서 나쁠 건 없지만 ISO인증도 그 자체로는 형식적인 절차에 지나지 않는다는 게 송 대표의 판단이다. 정리된 자료들을 얼마만큼 활용해서 어떠한 성과를 냈는지, 그것이 실질적으로 중요하다고 믿는다. 때때로 그는 실용주의를 따르는 신도처럼 보이기도 한다.

SE 클라우드에는 직원들뿐만이 아니라 대표이사의 출장비 등도 전체 직원에게 공개되어 있다. 송 대표는 직원들에게 출장을 더 자주 가고 출장비를 더 많이 쓰라고 주문하곤 한다. 적극적이고 도전적인 업무수행을 주문하는 동시에 업무의 성과는 책상머리가 아니라 현장에서 비롯된다는 것을 강조하려는 의도때문이다. SE의 주요 제품들은 공사현장에서, 그것도 기초 중의 기초인 땅속으로 시공되어져야 하는 운명이지 않은가. 출장을 자주 가야 하는 직원들에게는 힘든 일일 수도 있지만, 출장 횟수가 증가한다는 것은, 새로운 일거리가 생긴다는 것은 세상의 모든 CEO에게 안도감을 주는 일임이 분명하다. 그리고 기술 지식과 컨설팅 노하우는 현장을 자주 접하면 접할수록 더욱 광채를 내기 마련이다.

지식 소통의
새 패러다임, TED

아래 TED 관련 글은 조선위클리비즈 이신영 기자의 기사에 전적으로 의존했다. 인터뷰 형식의 내용을 정리하고 요약하여 기술했다.

TED는 기술(Technology), 엔터테인먼트(Entertainment), 디자인(Design)의 약자이다. '지식나눔 콘서트'나 '스타 특강쇼' 처럼 요즘 TV를 틀면 흔히 볼 수 있는 강연 프로그램의 원조가 바로 이 테드이다. 구글 창업자, 아마존 창업자, 록밴드 U2의 리더 같은 세계적 명사들이 출연하는 지식 공유 콘퍼런스이다.

테드는 원래 청중 수백 명을 상대로 매년 한 차례씩 열리던 소규모 행사였다. 그런데 2000년에 이 테드를 인수한 앤더슨(Anderson)이 파격적인 실험을 통해 세계 지식산업의 지형을 송두리째 바꿔놓았다. 그는 연사들의 강연을 인터넷에 무료 공개하기로 결정했다. 당시

1년에 한 번 열리는 콘퍼런스의 참가비로 4,400달러를 받았던 점을 감안하면 '미친' 시도였다.

그런데 무료 공개 이후 유료 콘퍼런스의 인기가 더 높아졌다. 인터넷 무료 공개 이듬해에 콘퍼런스 참가비를 6,000달러로 인상했는데도 티켓이 단 1주일 만에 매진되어 버렸다. 현재 하루 평균 200만 명이 인터넷에서 강연을 시청하는데, 누적 시청 인원이 10억 명을 넘어섰다.

TED의 다섯 특징

1. **Insight**
   강연 엔터테인먼트의 원조, 세계 지식산업의 지형을 바꾸다.

2. **Value**
   지식을 연결해 미래를 새롭게 본다.

3. **People**
   가장 강력한 지식은 자신을 여는 데서 나온다.

4. **Business**
   1,500개 강연을 인터넷으로 무료 공개하니 오히려 유료 콘퍼런스의 인기가 치솟다.

5. **Mechanism**
   잘 짜인 드라마 같은 18분.

테드의 모토는 '확산 가치가 있는 아이디어들'(ideas worth spreading)이다. 테드는 하나의 큰 '아이디어 기계'를 표방한다. 테드는 지식을 광범위하게 넓혀 보는 것이 훨씬 값어치가 있다고 한다. 지식은 서로 연결되어 있으니, 다양한 사람의 이야기를 들으면 새로운 가능성을 더 발견할 수 있을 것이다.

테드는 또 미래를 새롭게 보게 한다. 우리는 종종 미래는 내가 만드는 것이 아니라 거스를 수 없는 불가항력적인 힘이라고 생각한다. 그러나 테드를 통해 미래는 자신이 직접 책에 새롭게 쓰는 장(chapter)이 된다. 테드는 이러한 정신적 전환이다. 테드는 사람들에게 의자를 박차고 일어나 당장 뭘 해야겠다는 생각을 하게 만든다고 주장한다.

SE의 창업 정신과 비즈니스 모델을 이 TED에 빗대어 본다. SE의 아이디어 제품들, 보강판이나 SAP 등이 가치 있는 아이디어라면 이 아이디어가 온 세상에 널리 퍼지길 바란다. 어떤 현장이든지 SE의 공법과 제품이 필요하다면 얼마든지 가져다 유용하게 썼으면 한다. SE는 그 제품과 공법의 가치에 걸맞은 적절한 대가만 받을 수 있으면 그걸로 만족할 따름이다.

예전의 혁신은 어떠한 모습이었을까?
상앙(商鞅)의 신법으로 과거의 혁신과 혁신의 어려움을 생각해 본다.

상앙은 전국시대 법가의 대표적인 인물인데, 효공(孝公)의 특명을 받았다. 바로 진나라의 개혁이었다. 상앙은 세상을 떠들썩하게 한 새로운 법을 만들었다.[12]

상앙은 고민 끝에 먼저 백성들과 소통을 꾀할 수 있는 수를 냈다. 큰 나무를 남문 저잣거리에 세우고 이 나무를 북문으로 옮기는 사람에게 상금으로 십금(十金)을 주겠다는 벽보를 붙였다. 하지만 나무를 옮기는 사람은 아무도 없었다. 그러자 상앙은 이번에는 오십 금을 주겠다는 포고문을 붙였다. 그래도 나무를 옮기는 사람은 쉽사리 나타나지 않았다. 어느 날 백성 하나가 어떤 일이 발생할지 궁금했는지 나무를 옮겨 봤다. 상앙은 즉시 그에게 오십 금을 주어 법이 백성을 속이지 않고 장차 그들을 이롭게 할 수 있음을 알렸다.

법에 대한 신뢰가 널리 퍼진 것을 확인한 연후에 상앙은 새로운 법을 공포했다. 하지만 순조로울 것 같았던 개혁은 쉽게 나아가지 못했다. 새로운 법이 공포되자 신법의 부당함을 호소하는 귀족들의 반발이 끊이지 않았던 것이다. 백성들도 덩달아 불평을 늘어놓았으니 개혁은 지지부진했다.
그런데 마침 태자가 법을 위반하는 사건이 일어났다.
"상앙이 감히 다음 왕이 될 태자를 처벌할 수 있겠는가"
세인은 세자에 대한 단죄 여부를 주목했다. 여기서 상앙이 물러선다면 개혁은 물 건너가는 것이었다. 다음 왕이 될 태자에게 형벌을 가할 수는 없기 때문에 천하의 상앙도 고민하지 않을 도리가 없었다. 마침내 그는 결단을 내렸다. 효공(孝公)의 동생, 공자 건(虔)과 태자의 스승 공손가(公孫賈)를 대신 벌주는 안을 선택했다. 상앙은 태사(太師)의 이마에 글자를 새기는 엄한 형벌을 내렸고 이 사실을 알게 된 귀족들과 백성들은 신법을 어길 생각을 추호도 하지 못했다. 드디어 개혁은 상앙이 뜻하던 대로 진행될 수 있었다.

신법은 진나라를 강국으로 만들었으나 상앙이 너무나 엄격하게 법을 집행했기 때문에 많은 사람의 원한을 샀다. 신법의 법조문 자체도 지금으로서는 상상할 수 없을 만큼 엄했다. 후원자인 효공이 죽고 태자가 혜문왕(惠文王)으로 즉위하자 상앙은 과거의 행적에 대한 보복을 피할 수 없었다. 반대파들로부터 반역죄로 몰린 그는 사지를 찢기는 거열형(車裂刑)에 처해졌다. 그런데 여기에서 주목해야 할 점은 상앙을 버린 혜문왕(惠文王)이 상앙의 신법은 버리지 않았다는 것이다.

진나라의 미래를 위하여 혜문왕도 신법의 필요성만큼은 인정했던 것이다.
소통이 있어야 혁신을 모색할 수 있다. 소통은 또한 속도 및 생존과 깊은 관계가 있다.
그리고 속도는 다시 혁신과 연결고리를 갖고 있다.
반대와 위험이 따르는 혁신은 상앙의 이목지신(移木之信)의 지혜로도 행한다는 게 만만치 않다. 오늘날의 혁신도 과거와 다르지 않을 것이다. 먼저 신뢰성 있는 원칙과 제도가 마련되어야 한다. 그런 연후 혁신에 대한 강력한 의지와 지속적인 실천이 있어야 뜻한 바를 얻을 수 있을 것이다.[13]

3

[경쟁과 속도]

타이밍이 성패의
절반을 좌우한다

「고수를 알아본 고수,
알렉산드로스 대왕에 대한 나폴레옹의 평」

" 내가 알렉산드로스 대왕에 대해 특히 감탄하는 부분은 그의 작전이 아니라
그의 정치적 감각이다. 그는 사람들로부터 애정을 얻는 기술을 지녔다."

- 나폴레옹 보나파르트(Napoleon Bonaparte) -

타이밍이
승부의 반을 결정짓는다

　속도에 있어서 중요한 요소 중의 하나가 적시성이다. 현재 SE는 기초지반과 관련된 건설 현장에서 필요로 하는 다양한 제품과 이에 맞는 서비스, 즉 공법을 같이 구비하고 있다. 제품이 달랑 제품 하나로 끝나지 않는다는 말이다. 이는 SE가 제품에다 공법까지 같이 연구, 개발할 수 있는 기본 자질과 노력이 있기 때문이다.

　SE가 보유한 파일을 조금 더 세분화하면 첫째, 기존 PHC파일에 보강판을 더한 공장제작형 선단확장 이엑스티파일(Ext-S). 둘째, 대구경파일과 초고강도파일에 대응하는 맞춤형 선단확장 이엑스티파일(Ext-R). 셋째, 무게를 늘리고 개량한 고하중 직타형 파일(HD Pile). 넷째, 수직 증축 등 리모델링 용도에 적합한 스크류앵커파일(SAP)을 갖추고 있다. 이외에도 다수의 공법과 제품이 있으니 중소기업치고는 적지 않다. SE가 사업 초기부터 제품 개발과 그 제품을 활용한 다양한 공법 개발에 매진해 왔다는 걸 알 수 있다.

창업 초기의 SE는 보강판이라는 단일 품목에 집중하여 선단확장 이엑스티보강판의 선두주자가 되었다. 이후 선단확장 이엑스티파일의 성장세에 안주하지 않고 소구경파일시장을 겨냥한 SAP제품과 공법 개발에 주력했다. 이제 소구경파일에서도 경쟁회사들보다 한발 앞섰다고 감히 자신한다. 그런데 SAP은 제품의 개발 완료와 시장의 개화시기가 딱 들어맞았다. 수직 중축 리모델링이나 철도 위의 구조물 (행복주택)에 대한 관련법들이 통과되고 있으니 협소한 공간의 기초를 담당하는 SAP으로서는 호기인 셈이다. 우연인지 필연인지는 SE도 잘 모르겠다고 한다. 하지만 이는 겸손으로, 시장이 필요로 할 제품과 공법을 어느 정도 예측했기 때문에 가능한 일이었다. 아무 생각 없이 소구경강관파일에 수십억 원을 투자한다는 것은 도저히 있을 수 없는 일이다.

근래의 SE는 기술보다 마케팅 쪽에 보다 더 역량을 집중하고 있다. 마케팅이 중소기업 비즈니스에서 가장 큰 비중을 차지한다고 보기 때문이다.

속도는
전술까지 좌우한다

　나폴레옹의 전투 방식은 기존의 통념을 완전히 뒤집는 것이었다. 그는 프랑스 군대를 재조직해 여러 개의 다양한 부대를 21만 명의 병력을 갖춘 '위대한 군대(La Grande Armee)'로 통합시켰다. 이 군대를 여러 개의 군단으로 나누고 군단마다 기병대, 포병대, 보병대, 참모를 따로 두었다. 각 군단은 원수들이 이끌었는데, 대개 전투에서 능력을 인정받은 젊은 장군들이었다. 1만 5천에서 3만 명까지의 다양한 이 군단 하나하나가 다시 나폴레옹 군대의 축소판이 되는 셈이었다.

　이 편제의 핵심은 군단의 빠른 이동속도였다. 나폴레옹은 장군들에게 임무를 주고 그들 스스로 알아서 임무를 완수해내도록 했다. 그 결과 상부에서 하부로, 다시 하부에서 상부로 명령과 보고를 전달하느라 소모되는 시간을 거의 없앨 수 있었다. 군대의 규모가 줄어든 덕분에 충당하고 운반해야 하는 군수품도 줄어, 이들 군단들은 훨씬 빠른 속도로 진군할 수 있었다.

속도는 전술에도 큰 변화를 가져왔다. 다양한 전술을 구사하는 것도 가능해졌다. 나폴레옹은 부대 하나를 한 방향으로 이동시키는 대신, 자신의 여러 군단을 패턴 파악이 불가능한 형태로 운용했던 것이다. 혼란스럽게만 보이는 나폴레옹 군대의 움직임 때문에 적군은 상대의 의중을 제대로 파악하지 못했다.

규모가 워낙 달라서 비교 자체가 무의미할 수도 있지만, 나폴레옹의 군대 조직과 비슷한 점을 굳이 SE의 경영조직에서 찾는다면 사업부제도를 꼽을 수 있다. SE 내의 3개 사업부는 기술개발과 마케팅 등을 독자적으로 추진하고 있다. 경영지원 업무를 맡고 있는 경영지원팀은 자체 업무 외에 파일(Pile)사업부, P&G사업부, 기술연구소를 뒷받침하는 일도 맡고 있다. 이런 까닭으로 경영지원팀의 업무에 가끔씩 과부하가 걸린다. 그래서 경영지원팀에 몇 차례 충원을 시도했지만 여의치 않았다. SE와 잘 조화가 되는 색깔을 지닌 직원을 구하는 일은 쉽지 않다. 훗날 3개의 사업부가 지금보다 규모가 더 커지면 이 사업부들도 각자 자신들만의 경영지원팀을 갖게 될 것이다.

위에 열거한 사업부를 보고 눈치 챈 독자가 있을지 모르겠는데, SE 내부에는 제조를 담당하는 파트는 없다. SE는 제품 제조와 시공을 직접 하지 않는다. 그러면 SE에서 하는 일은 도대체 무엇인가, 의문이 들 수 있겠다. SE가 하는 일은 제품 개발과 공법 엔지니어링에서 출발해 시공의 품질관리에서 끝이 난다. 대신 SE 외부에는 제조, 영업,

시공, A/S를 담당하는 협력사들이 포진해 있다. 물론 회사 내부에도 엔지니어링, 영업, 시공 자문, A/S 파트는 두고 있다.

SE와 Biz Partner의 공동협약 체결식

업계에 기반이 빈약했던 SE가 파일 업계에 안착하여 든든한 비즈니스 파트너를 보유한 까닭은 기술 때문이다. 기술과 그 기술에 대한 권한인 특허가 SE 생명력의 원천이다.

SE Biz Partner 현황

비즈니스에서 속도의 중요성을 강조하고 있지만 사실 성패를 결정 짓는 다른 요소들도 있다. 그중의 하나가 리더이다. 비즈니스는 전쟁과 유사한 면이 많다고 하는데, 나폴레옹의 업적은 그가 리더답게 앞장섰던 데서 비롯된 것이다. 1809년 프랑스군과 오스트리아군은 강을 사이에 두고 대치하고 있었다. 강을 건널 수 있는 다리는 하나밖에 없었다. 양쪽 다 선제공격을 감행하지 못하고 상대방을 관망만 하고 있었다. 어느 순간 프랑스 쪽에서 먼저 공격명령이 떨어졌다. 머지않아 양측의 군사들은 모두 눈으로 확인할 수 있었다. 말을 타고 선두에서서 오스트리아 군을 향해 질주하는 장군 나폴레옹을.

천변만화하는
GCB와 바인더스

　우리 인간은 뼈에 금이 가거나 부러졌을 경우에 깁스를 한다. 그럼 건물 외벽이 손상되거나 내벽이 좀 망가졌다면? 건물 일부가 좀 낡았다고 그 건물 전체를 몽땅 부술 수는 없다. 돈 문제도 있지만 막심한 자원 낭비가 아닐 수 없다. 안전에 문제가 없는 한 구조물을 보수, 보강하여 사용할 수 있을 때까지 사용하는 게 합리적인 선택일 것이다. 이 때 필요한 존재, 구조물의 재빠른 보수와 보강을 위해 태어난 물질이 바로 SE의 지오세라믹바인더(GCB)이다.

　그런데 지오세라믹바인더에도 선단확장 이엑스티보강판처럼 우리의 호기심을 자극하는 아이디어가 숨어 있다. 우리 인간의 살갗에는 섬유가 있고 이 섬유조직이 있어야 살갗다울 수 있다는 단편적인 지식에서 지오세라믹바인더는 태동했다. 단순하지만 흥미로운 착상이었다.

지오세라믹바인더는 인간의 피부 같아야 한다. 각종 세균 등 우리 신체 밖의 유해 물질을 차단할 수 있어야 한다. 수분을 적절히 함유하여 피부 안쪽의 혈관과 근육을 보호할 수 있어야 한다. 인간의 피부에서 영감을 받아 탄생했기 때문에 지오세라믹바인더에는 스키너스(Skinearth)라는 별칭이 붙었다. 지구의 면 전체를 아울러 관리하겠다는 SE 엔지니어들의 포부와 꿈을 실은 애칭이다.

어쨌든 지오세라믹바인더(GCB · Geo-synthetics Ceramics Binder)는 긴 이름만큼 폭넓은 용도로 쓰이고 있다. 교량의 상판은 물론 바닥이나 옥상 녹화사업에도 쓰인다. 또한 지오세라믹바인더를 사용하면 단수 걱정을 조금 덜 수 있다. 노후화된 상수도관을 대대적으로 교체할 경우에는 단수를 피할 수 없지만 전면교체가 아닌 경우에는 지오세라믹바인더가 아주 유용하다.

지오세라믹바인더를 물에 타 섬유에 적신 후 상수도관의 겉에 착착 붙이면 된다. 시공방법에 대해 덧붙일 말이 없을 정도이니 GCB 시공은 삼척동자라도 가능할 것이다. GCB가 보수보강재로 그만인 까닭은 빨리 굳으면서도 차수성이 탁월하기 때문인데, 이 섬유가 깁스같이 단단하게 굳으면 물이 새는 일은 더 이상 없다.

GCB는 분말로 되어 있는데 GCB에 섬유를 혼합하면 섬유는 마치 풀이 흙에 뿌리를 내리듯 GCB에 잘 부착된다. 그리고 이 섬유는 콘크리트 속의 철근과 동일한 역할을 한다. 철의 늘어나는 성질이 콘크리트에 유연성과 강도를 더해 주는 기능과 닮았다. GCB에 섬유를 혼합하는 작업은 도배할 때 풀을 쑤어 벽지를 바르는 우리의 전통방식과 비슷한 원리이다. 콘크리트와 철의 환상적인 호흡처럼, 섬유 덕분에 GCB는 풀처럼 유연해지고 돌처럼 단단해진다. 석고에 붕대를 감는 깁스를 한번 떠올리면 GCB의 활용법에 대한 느낌이 올 것이다.

"성능을 더 끌어올린다고 더 잘 팔린다는 보장이 있는 게 아니잖습니까?"

"맞습니다. 마케팅이 먼저입니다."

"그렇지만 엔지니어인 저로서는 기술개발을 뒤로 미룬다는 게 영 내키지가 않습니다."

"고품질을 필요로 하는 경우에는 추후에 그 용도에 맞게 제품을 업그레이드해주면 됩니다."

SE 내부의 열띤 토론의 결과에서도 드러났듯, GCB의 미래는 그 사용처일 것이다. 수도관, 화학플랜트설비의 파이프에서 한걸음 더 나아가 대륙을 가로지르는 송유관이나 가스관 등에서도 GCB가 제 위력을 발휘할 날을 기대해 본다.

GCB를 필요로 하는 송유관

지금 우리에게 GCB가 있다면 우리 선조들에게는 부엽공법(敷葉工法)이 있었다. 땅은 얼핏 보면 제법 단단한 듯 보이지만 땅을 구성하는 주성분인 흙은 밀도가 그리 높지 않다. 게다가 우리가 딛고 서있는 땅 밑에는 의외로 지하수가 많이 흐르고 있다. 흙이 물기를 함유하기 쉽기 때문에 땅은 무르고 약하다. 우리가 예상한 것보다 땅은 빈틈이 많은 셈이다. 그런데 이처럼 약한 흙으로 쌓아올렸지만 주먹으로 쳐도 끄떡없는 구조물이 있다. 바로 판축토성이다. 우리 선조들은 석성만 잘 쌓은 게 아니었다. 나무판으로 틀을 만든 뒤 그 안에 진흙과 모래를 다져 넣은 다음 차곡차곡 쌓았다. 흙과 흙 사이에 나뭇잎과 나무껍질을 넣었는데, 오늘날 벽돌을 쌓을 때 시멘트를 바르는 기법의 원조 격이다. 나무의 섬유질성분이 흙과 흙을 서로 붙잡아주는 역할을 한다. 철근이 콘크리트를 꽉 잡아주듯이.

이 부엽공법은 풍납토성은 물론 2,000년 전 저수지를 조성할 때 제방 축조에도 활용됐다.[14] 그 옛날의 최첨단 선진공법이라 할 수 있는데, 현대의 소양강댐 같은 사력댐도 돌과 흙으로 만들어졌다.

SE는 무른 흙을 굳건하게 만들어주는 고화제를 보유하고 있다. SE 기술연구소는 고기능 소재의 고화제에 '흙을 엮어준다'는 의미로 바인더스(Bindearth : Earth of Binder)라는 꽤 근사한 이름을 붙였다. 나중에 이 바인더스는 PF(Point Foundation)라 불리는 공법을 낳았는데, 오래 전부터 있어 왔던 지반공법의 하나인 보링그라우팅 공법[15]에서 SE가 각고의 노력 끝에 창안해낸 것이다.

이 PF공법으로 SE가 가진 역량이 한껏 드러났는데, 국제 특허를 획득했을 만큼 두드러진 기술력이다. 바인더스와 흙을 공사 현장에서 뒤섞으면서 시공할 수 있게끔 했다는 점이 특히 돋보인다. 공기를 획기적으로 단축할 수 있는 사뭇 실용적인 기발한 아이디어였다.

PF공법이 적용된 대표적인 곳은 국내에서는 여수 엑스포 주차장, 해외에서는 베트남 붕따우 폐기물매립장이다.

몽상으로 치부될 수도 있겠지만, SE 기술연구소 임직원은 엔지니어로서 하나의 꿈을 갖고 있다. 바인더스를 활용해 봄의 불청객인 황사를 반영구적으로 차단하겠다는 야심찬 포부가 그것이다. 황사의 진원지에서 바람에 모래가 날리는 일이 없도록 하면 된다. 엔지니어들의 말을 곧이곧대로 듣는다면 방법은 그다지 어렵지 않아 보인다. 어떻게? 사막에 바인더스와 물을 좀 뿌리고 갈아주면 된다. 시멘트와 달리 바인더스는 친환경적이라 풀과 나무 등 식물의 생장에도 전혀 문제될 게 없다. 황사가 더 이상 우리 한반도를 향해 날아오지 않는 청명한 그날을 그려본다.

위험,
속도의 동반자

현재 SE는 규모는 작지만 강한 기술연구소를 보유하고 있다. 기술연구소의 자체 개발, 타 업체와의 공동 연구개발, 산학협력 R&D 등으로 2014년 1월까지 국내외에 지적재산권 130여 건을 등록·출원 중이다. 외국에는 27개의 지적재산권을 미국, 중국, 카자흐스탄, 베트남 등에 등록·출원 중이다. 지적재산권은 아무래도 선단확장 이엑스티 파일과 관련된 게 가장 많고, 소구경강관파일, 지오세라믹바인더, 바인더스 등에도 골고루 분포되어 있다.

SE 지적재산권에서 특기할 만한 사항은 설계, 공법, 제품뿐만이 아니라 시공장비와 마케팅을 위한 브랜드까지 빠짐없이 두루 갖추고 있다는 것이다. 이는 중소기업인 SE를 보호해주는 울타리 역할을 톡톡히 하고 있다.

튼튼해 보이는 콘크리트 구조물도 건조, 수축되는 과정에서 크랙

(금)이 발생한다. 처음에는 미세한 금이 세월이 지나면서 육안으로도 확인 가능한 틈으로 확대되는 경우가 다반사다. 수리 및 보수가 절실한 이때 SE가 보수보강재로 준비해 놓은 물질이 GCB다. 이 GCB 시공방법에는 인간의 피부에 주름이 덜 생기게 하는 원리가 숨어 있다. 팽팽하게 당겨주어 피부의 탄력성을 강화하는 것처럼 추후에 크랙이 안 생기도록 손상된 부위에 GCB를 시공하는 것이다.

그런데 이 GCB(Geo-synthetics Ceramics Binder)는 SE가 자체 개발한 기술은 아니다. 특허를 매입한 것인데, 이는 기초지반과 관련된 모든 항목을 서둘러 갖추려 했기 때문이었다.

GCB는 작업이 용이하고 신속히 응고되는 등 장점이 많다. 보수보강 작업은 석고와 붕대로 깁스를 하는 것과 유사한 방법인데, 병원에서 실제 깁스를 하는 것만큼이나 GCB를 활용하면 보수보강도 빨랐다. 다른 물질, 다른 제품들과 비교했을 때 성능면에서나 가격면에서 경쟁력이 충분해 보였다. 여기까지는 별 탈이 없었는데 서두르다 보니 오판이 하나 있었다. GCB의 원재료가 당초 예상한 것보다 효과적이지 못했다. 사실 만능이나 다름없는 물질 같다며 너무 큰 기대를 한 게 잘못이었다. GCB는 보완해야 할 결함을 지니고 있었다. 지하에서는 아무런 탈이 없던 GCB가 햇빛에 장시간 노출되니 균열이 발생한 것이다. 결국 SE는 현장을 원상태로 복구해 줬는데 이는 두 번 다시 겪고 싶지 않은 기술의 실패였다.

하지만 SE는 이제 이 정도의 시련에 낙담할 그 옛날의 SE가 아니었다. GCB가 제 기능을 발휘하게 하려면 제대로 된 배합비율과 구성 성분을 새로이 찾아야만 했다. 기술연구소의 연구 인력을 재배치하고 연구 시간을 다시 투자했다. 시간을 투자했다고 했는데, 특허를 매입한다는 것은 사실 시간을 사들인 것이나 다름없기 때문이다. 연구개발을 완료하여 특허까지 취득하려면 어차피 오랜 시간이 걸리기 마련이다.

건설 분야의 기술개발은 까다롭다. 실험 방법이 기준에 부합해야 하고 만들어낸 제품도 시장이 원하는 스펙에 맞아야 한다. 게다가 시공하는 장비도 갖춰져 있어야 한다. 그렇지 않으면 쓸모없는 기술이 되고 만다. 위 요건들을 충족시키지 못하면 바지런히 잘 만들어냈다고 자부하던 기술은 기술이 아닌 황당한 사태가 발생한다.

어쨌든 SE는 GCB 기술을 사들이느라 상당한 비용을 들였지만 결국 시간도 더 투자해야 했다. 기존 성분의 배합비율 변경과 새로운 성분의 가감을 통해 GCB의 개량을 이뤄내야 했다. 이와 더불어 SE는 바인더스라는 고화제와 이를 이용하는 PF공법을 다시 개발할 수밖에 없었다. 그 사이 단군 이래 최대 토목공사라 불린 4대 강 사업에 참여할 수 있는 기회를 놓쳤다. 강 옆에 조성된 공원이나 자전거도로 등에 접목시킬 수 있었는데, 이미 '떠나가 버린 기차'가 된 것이다.

GCB는 주로 보수보강재로 쓰이는데, 현재 보수보강 재료로 널리 사용되는 물질이 에폭시(epoxy)이다. 에폭시는 플라스틱의 일종으로 이미 굳어버린 콘크리트를 서로 접착시킬 수 있어 접착성 면에서는 아주 우수한 물질이다. 하지만 습기에 취약하고 불에 잘 타며 독소를 함유하고 있다. 그래서 밸브실이나 유량계실 등 밀폐된 공간에서 석유화학제품 에폭시는 늘 치명적인 사고의 위험이 따른다. 반면 세라믹 계열인 GCB는 습기 제거에 탁월하고 악취가 없고 불에도 강하다. 그래서 향후에는 친환경적인 GCB가 에폭시의 대체재로 더 널리 쓰일 것으로 기대하고 있다. 물론 머나먼 미래가 아닌 지금 이 순간에도 GCB는 보수보강재의 기능을 다하고 있다. 현재 SE는 한국수자원공사, 서울시 상수도사업본부, 한국농어촌공사 등과 협약을 맺고 밸브실, 유량계실, 수로 등 여러 곳을 친환경 소재인 GCB로 보수보강했다. 이 공로를 인정받아 SE는 환경부로부터 '물산업 기술혁신상'을 받았다.

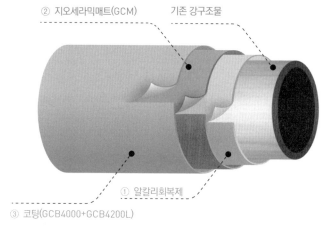

관을 깁스보강한 GCB는 누수를 막고 수명을 연장시켜준다

4대 강 사업의 운하 논란은 쉽게 수그러들 것 같지 않다. 우리나라도 고려와 조선시대에 운하를 건설하려 한 적이 있었다. 삼남지방의

세곡(稅穀)을 바다를 통해 서울로 운송하려면 태안반도의 안흥량을 통과해야 하는데, 이 안흥량은 뱃길이 매우 험난하고 암초가 많아 위험했다. 운하는 서울까지의 항해 시간을 대폭 단축할 수 있었다. 그냥 계획으로 그친 게 아니라 실제로 전체 7km 중 4km는 오늘날 운하 못지 않게 거대하게 만들었다.[16] 완공하지 못해서 아쉽기는 하지만, 예나 지금이나 땅을 깊이 파야 하는 공사는 건축물을 하늘 높이 올리는 것만큼 어렵고 돈이 많이 드는 대역사이다.

이 GCB외에 SE에는 바인더스(Bindearth)라는 제품이 있는데 주의하여 살피지 않으면 이 둘은 마치 쌍둥이를 대하는 듯 헷갈린다. 하지만 GCB와 바인더스는 적지 않은 차이가 있다. 이 둘의 핵심 원료는 그 가격부터가 다르다. 핵심 원료에 섬유를 더하면 GCB가 되고 또 다른 핵심 원료에 시멘트와 흙을 더하면 바인더스가 되는 것으로 이 둘을 구별하면 된다.

바인더스를 개발하기 전부터 고화제 시장은 이미 레드오션이었다. 하지만 파일이 아닌 좀더 저렴한 기초보강 구조물을 바라는 고객들의 니즈를 계속 무시할 수는 없었다. 그래서 기술연구소에서 개발을 하던 차에 GCB 개발자를 소개 받았다. 자체 개발을 계속 추진하는 것보다 개발자에게 GCB를 사들이는 게 시간도 아끼고 비용도 아낄 수 있을 것으로 판단했다. 절약한 비용과 시간으로 SE는 PF공법을 개발했다. SE가 PF공법을 개발한 순간 레드오션이었던 고화제 시장이 더 이상 레드오션으로 보이지 않았다. 한순간에 블루오션으로 변신한 건 아니었지만.

조만간 본격화될 세일 가스(Shale Gas · 퇴적암층에 매장된 가스) 채굴 때 생기는 공극을 메우는 데 바인더스는 꽤 괜찮은 물질이라고 자신한다. 또 근래에 땅이 갑자기 꺼지는 현상으로 인한 싱크 홀(Sink Hole · 용식함지)에도 퍽 유용할 것이다.

바인더스를 JSP(Jumbo Special Pattern)공법에 사용하면 기존의 시멘트 페이스트를 주입하는 것보다 낫다. 효과는 대동소이하지만 작은 공극을 막아내고 시멘트 사용량도 줄여 준다. 참고로 JSP공법은 연약지반 내에 고압으로 시멘트를 주입하여 연약지반을 개량하는 공법이다.

선단확장 이엑스티파일과 소구경강관파일에 비하여 GCB와 바인더스는 지금 당장은 느릿느릿한 발걸음이다. GCB와 바인더스, 이 쌍두마차는 파일보다 사업 연혁이 짧다. 제품 수명주기도 선단확장 이엑스티파일이 40대라면 SAP은 30대, PF공법은 20대, GCB는 앞날이 창창한 10대이다. 젊지만 경험이 적기 때문에 GCB와 바인더스를 맡

고 있는 SE의 P&G사업부는 한 발 한 발 앞으로 나아가고 있다. 그 발걸음이 빨라질 날이 언젠가는 오리라 굳게 믿으며.

베트남 붕따우 쓰레기 매립장을 지지하고
침출수를 방지하는 바인더스

바인더스와 그의 동반자인 PF공법의 해외진출 사례로는 베트남의 쓰레기매립장을 들 수 있다. 쓰레기매립장도 폐기물처리장처럼 침출수가 밖으로 새어나가면 큰 문제가 된다. 베트남의 쓰레기매립장 옆에는 동남아시아의 젖줄인 메콩강이 흐르는데, 이 쓰레기매립장의 침출수를 틀어막는 게 바로 SE다. 동남아시아 사람들의 보물인 메콩강을 SE의 바인더스가 지켜주고 있는 셈이다. 우리나라 사람 중 극히 소수만이 알고 있는 사실인데, 동남아시아 사람 중에도 이 사실을 아는 이는 거의 없다. 비록 알아주는 이가 없다 해도 건설인의 자부심, 기술개발자의 뿌듯함은 아마 이런 데서 나올 것이다.

베트남에서 교두보를 마련하느라 분주한 SE는 다른 동남아시아 국가, 중앙아시아, 미국 등의 시장 진출에도 공을 들이고 있다. 이렇듯 해외시장을 공략할 때 특허는 강력한 도구가 된다.

현재 SE는 국내외에 지적재산권 130여 개를 출원, 보유하고 있다. 10년 역사에 적지 않은 편인데, 모두 기초지반과 관련된 지적재산권들이다. SE의 경영철칙 중에 업태는 바꿔도 업종은 바꾸지 않는다는 내용이 있는데, 특허는 이러한 경영철칙 외에 SE의 다른 모습까지 반영한다. 특허는 중소기업인 SE를 보호해 주는 일종의 울타리 같은 존재이다. SE뿐만이 아니라 모든 기업이 특허제도를 활용해 자신들의 권리를 지키고 있다. 특허의 권리를 다른 말로 대체하면 기술개발을 하느라 들인 비용이다. 최소한 특허를 취득하느라 들인 비용을 회수할 기회는 주어져야 하지 않겠는가.

소니의 과속과
마쓰시타와의 경쟁

    속도의 중요성을 강조하지 않는 회사를 찾아보기는 힘들다. 하지만 속도를 그다지 중시하지 않아도 되는 기업도 분명 존재한다. 그리고 때로는 속도가 기업경영의 전부는 아니다.

    대표적인 예가 일본의 소니인데, 소니는 오래 전 '베타 방식' 이라는 세계 최고 품질의 VTR을 개발했다. 다른 회사들이 소니의 기술을 따라오려면 몇 년이라는 시간이 걸릴 게 분명했다. 소니는 기술력의 우위를 믿고 원천기술을 공개하지 않았는데, 시장에서 독점적인 지위를 차지하겠다는 전략이었을 것이다.

    마쓰시타는 'VHS 방식' 의 기술을 공개해 다른 가전업체들을 우군으로 삼는 전략을 택했다. 소프트웨어 확보를 위해 비디오테이프 제조회사에도 적극 협조했다. 얼마 후 가정용 VTR시장은 전문가들의 예상을 뒤엎고 VHS방식이 석권했다. 시장 참여자들이 소니의 독주를 원하지 않은 것이다. 화면의 선명도나 녹화용량의 크기 등 기술적인 면은 소니의 베타방식이 한수 위였다는 게 전문가들의 중론이었지만, 소니는 방송용 기자재 시장에 만족해야 했다.

그래도 소니는 워크맨과 브라운관TV로 한 시대를 풍미했다. 그런데 세월이 흐르며 디지털의 기술 흐름이 빨라졌다. 곳곳에서 이상 징후가 드러났다. 하지만 소니는 자신들의 세계 1위 품목에 대한 미련을 완전히 버리지 못했다. 소니가 머뭇거리는 사이 경쟁자들은 MP3 플레이어로 워크맨을 퇴물로 만들어버렸다. 경쟁자들은 또 LCD와 PDP로 소니의 TV시장을 서서히 점령해 나갔다. 그런데 소니에 이런 기술이 없었던 게 아니었다. 소니는 이미 LCD와 PDP 기술을 뛰어넘는 OLED 기술을 가지고 있었다.

'기술의 소니'의 부진이 지속되었는데, 도대체 어째서였을까. 흐름을 놓친 소니가 LCD와 PDP는 건너뛰고 아예 OLED TV로 승부를 보려 했기 때문이었다. 하지만 소니를 제외한 다른 회사들은 LCD와 PDP TV시장을 떠나려 하지 않았다. LCD와 PDP에 이미 대규모 투자를 감행했기 때문이었다. 투자비를 뽑아야 차세대 기술인 OLED를 노릴 여지가 있었다. 그런데 다른 기업들이 쉽사리 OLED를 택하지 못한 결정적인 이유는 또 있었다. OLED는 기술이 무척 어려웠다. 경쟁자들은 서서히 준비만 할 뿐 소니가 우위를 점하고 있는 OLED 시장으로 뛰어들지 않았다. 상대가 없으니 싸울 필요가 없어 좋았는데, 수익을 올리지 못하는 비즈니스는 비즈니스가 아니었다. 결국 소니는 OLED에서도 VTR 때처럼 혼자 고립되고 OLED사업을 잠정적으로 중단하고 말았다.

소니는 자기 회사의 제품이 최고이며 최고의 제품이 승리하게 되어 있다는 믿음을 갖고 있었는데, 『마케팅 불변의 법칙』에 의하면, 이는 그릇된 자신감이다. 최고의 제품이라는 것은 없다. 마케팅 세상에는 소비자와 소비자의 기억 속에 자리 잡은 '인식'만이 존재할 뿐이다. 그 외의 다른 모든 것은 환상이다. 마케팅은 제품의 싸움이 아니라 인식의 싸움이다.

그런데 1970년대 초 VTR 기술표준으로 격돌한 소니와 마쓰시타가 30년 만에 흥미로운 재대결을 갖게 됐다. 전통의 라이벌인 소니와 마쓰시타가 2013년 DVD 비디오카메라의 표준화를 두고서 '제2의 표준전쟁'을 벌였다. 두 회사의 제품은 VTR 대전 때와 마찬가지로 기술 방식이 서로 달라 호환이 불가능했다. 마쓰시타는 히타치, 도시바 등 기존의 동맹군에 파이오니아까지 끌어들였고, 여기에 맞선 소니는 필립스, 휴렛패커드 등 주로 해외파와 제휴를 통해 우군을 늘렸다.

이 책이 출간될 때쯤이면 이 흥미진진한 재대결의 승패가 어느 정도 윤곽을 드러낼 것이다.

속도는 결국 시간과의 싸움, 효율성과 직결된다. 업무의 효율을 높이기 위해 SE도 조직 구성의 변화를 몇 차례 시도했다. 이러한 변화로 SE는 작게는 새로운 업무를 배우는 기회가 됐고, 크게는 매출의 급성장을 이뤄냈다. 아무런 문제도 없이 승승장구했을 것 같지만 문제가 있었다. 비록 커다란 문제로 비화하지는 않았을지라도.

문제는 그 시도가 너무 잦았다는 것이다. 몇몇 직원은 담당 업무가 자주 바뀌는 바람에 갈피를 못 잡았다. 자신이 처리해야 할 일을 제때 못하고 차일피일 미루다 보니 일을 처리하는 속도가 SE답지 않게 급격히 떨어져 버렸다.

업무의 개선을 위한 조직편제 개편 자체를 부정할 수는 없다. 하지만 잦은 인사이동으로 인한 환경 변화는 직원들에게 스트레스를 가져다줄 수밖에 없으므로 조심해야 한다. 혁신을 도모하려는 시도가 때로는 속도를 저감시켜버릴 수도 있다.

1993년부터 지난 20년 동안 삼성은 쾌속 성장을 해 왔다. 언제부터인가 메모리반도체에서 부동의 1위였으며, 기술의 소니를 누르고 TV 시장 세계 1위로 도약하는 기염을 토했다. 휴대전화에서도 2000년대 중반부터 글로벌 기업의 반열에 올라섰다. 최근 삼성은 갤럭시 시리즈로 스마트폰 시장에서 최고의 전성기를 구가하고 있다.

과연 삼성의 초스피드 경영은 언제까지일까. 세상에 존재하는 다른 많은 것처럼 속도에도 양면성이 있다. 고속의 속도에는 쾌감과 위험이 동승한다. 사람들은 때에 따라서 속도를 즐기기도 하지만 대체로 무서워하는 편이다. 급격한 변화를 일으키는 속도를 사람이 따라가기 힘들기 때문이다. 가만히 생각하면 대다수의 사람은 안정을 더 원하는 것 같다. 변화를 간절히 원할 때도 있지만 말이다.

파일의 **로드맵**

과거 전신주로 널리 쓰인 PC파일의 하단은 원래 뾰족했다. 파일을 땅속에 박기 좋게 하려는 이유였는데, 지금은 전신주도 PHC파일로 제작된다. 파일이 이미 PC파일에서 PHC파일로 한 차례 진화한 것을 알 수 있다. PHC파일도 SE에 의해 개량되고 있다. 그런데 SE의 경쟁사들 또한 제자리에 가만히 있는 건 아니다. 그들도 경쟁에서 뒤처지지 않기 위해 지금 이 순간에도 부단히 노력하고 있다.

"SE의 경쟁사인 동시에 협력사인 파일제작업체에서 파일의 자체 강도를 보강한 초고강도 PHC파일을 내놓았습니다."

파일의 자체 강도를 보강한 제품은 SE의 선단확장 이엑스티파일과 무관치 않을 것이다. 현실이 이러하다면 SE의 대비책은 무엇일까. 또 향후 파일은 어떠한 모습일까. SE 기술연구소 한병권 상무의 답변을 바탕으로 파일의 미래를 가늠해 본다.

"초고강도 PHC파일 자체는 큰 위협이 아니라고 판단하고 있습니다. 왜냐하면 초고강도 파일은 선단확장 이엑스티파일보다 20% 정도 더 비싸기 때문입니다. 만약 초고강도 PHC파일에 보강판을 더한다면 선단확장 초고강도 PHC파일이 될 테니까요."

"선단이 확장된 초고강도 파일."

그럴듯한 답변이었다. 강도를 높인 제품에 SE가 보유한 '비장의 무기' 격인 보강판을 덧붙이는 순간, 그 제품은 순식간에 더 나은 물건이 된다.

"그렇다면 지금 현재 SE를 향한 가장 큰 위협은 무엇이라 생각합니까?"

"SE의 선단확장 이엑스티보강판을 모방한 보강 방법들입니다. 다른 업체 몇몇이 SE와 유사한 방법으로 하단부를 보강한 파일을 만들어 저가로 시장을 공략하고 있습니다. 특히 사용수수료나 컨설팅 수수료를 받지 않고 보강판을 파일제작업체들에게 납품하고 있습니다."

한병권 상무에게 미래의 신기술에 대한 견해를 들어본다.

"앞으로는 수평력을 보강한 제품이 나올 것입니다. 그리고 파일의 재료 자체를 다른 재료로 전환한 파일들도 시장에 나올 것입니다. 그런데 참, SE 미래의 신기술에 대한 큰 그림은 송기용 대표가 직접 그리고 있습니다. 사실 SE의 '기술관리 증식 시스템'은 컨설팅 능력의 배양만이 아니라 기술개발 아이디어 및 아이템 발굴의 토대를 구축하려는 의도도 있었습니다. 지금까지의 실적이 만족스럽지는 않지만. 이렇게 발굴된 아이템을 구현하는 일을 기술연구소가 책임지고 있습니다."

중소기업청 신규 과제에 선정된 '슬래그파일 프로젝트' 라는 게 있다. 공주대학교와 유진기업 그리고 일본의 호시노라는 회사와 SE가 공동으로 추진하는 국제적인 프로젝트이다. 전기로에서 나오는 쇠찌꺼기인 슬래그를 파일의 재료로 사용하려는 시도인데, 지금 한창 연구 개발 중이다. 슬래그는 현재 무른 지반을 임시방편으로 보완하는 용도인 매립성토제로 쓰이고 있다. 말 그대로 슬래그가 땅바닥에 그냥 뿌려지고 있는 실정이다.

슬래그파일의 강도는 PHC파일의 두 배이며 철을 주 재료로 삼았어도 강도가 상상 이상이다. 타 업체에서 개발한 초고강도파일도 슬래그파일의 강도에는 한참 못 미친다. 하지만 이 슬래그파일에도 단점이 있다. 철로 되어 하중이 많이 나간다. 따라서 PHC파일보다 가격이 오히려 10% 정도 싸야 경쟁력이 있을 것이다.

신제품 연구개발에는 막대한 비용이 들어간다. 연구원조차 그냥 물건 하나 만들어내는 것이라고 단순하게 생각하는 경향이 있는데 실상은 그렇지 않다. 환경 적합 여부 등 재료 인증부터 설계비, 시제품 개발비, 성능 시험비, 특허 취득 및 유지비용까지 신제품 하나 만드는 데 드는 돈은 절대로 만만한 금액이 아니다.

어쨌든 이 슬래그파일 프로젝트는 2014년 상반기에 성공여부가 판가름날 것이다.

루비콘 강을
건너
싸움에서 졌다면

"주사위는 던져졌다." 이 명언은 율리우스 카이사르가 루비콘 강을 건너는 순간 탄생했다. 역사적으로 아주 유명한 사건인데, 이 명언은 카이사르가 강을 건넜다는 것에 초점이 맞춰져 있다. 여기에서 놓치기 쉬운 게 하나 있는데, 그것이 바로 속도다. 카이사르가 원로원의 회신을 기다리지 않고 곧바로 로마와 속주의 경계인 루비콘 강을 건넌 것이다. 그 다음 수순 또한 속도였다. 강을 건넌 카이사르는 제국의 심장인 로마로 쾌속 진군했다. 카이사르의 반대파는 그의 속도를 이겨내지 못했다. 신속한 의사결정을 할 수 없었던 원로원과 폼페이우스 무리는 갈팡질팡했다. 결국 카이사르의 반대파들은 싸워 보지도 못하고 수도인 로마를 카이사르에게 내주고 말았다.

그런데 만약 카이사르가 패했다면 루비콘 강을 건넜다는 게 무슨 의미가 있을까. 카이사르의 승리에는 분명히 그의 신속한 의사결정과 반대파들의 신속하지 못한 의사결정이 있었다. 하지만 나폴레옹과 마찬가지로 카이사르도 속도만 과신한 것은 아니었다. 전투 중에 아군이 밀린다 싶으면 카이사르는 뒤쪽에 있는 병사의 방패를 빼앗아 들고 최전선으로 달려갔다. 눈에 띄는 백인대장들의 이름을 차례차례 부르며 그들을 격려했다. 백인대장들은 카이사르를 위해 열심히 싸웠고 병사들은 백인대장들을 위해 용감하게 싸웠다.

훗날 진정한 리더라고 평가받는 이들은 리더라면 마땅히 행해야 할 일들을 잘 알고 있었으며, 이때다 싶으면 리더가 해야 할 일을 당연히 행했다. 리더는 각기 다른 성향을 가진 사람의 힘을 하나로 결집할 수 있어야 한다. 회사의 리더인 CEO가 해야 하는 일 중의 하나가 직원들의 사기 진작을 위한 동기부여이다. 아래의 셋 중 어떤 방법이 가장 효과적일까.

첫째, 적성에 맞는 업무로 만족도 향상과 성취감 고취

둘째, 승진의 기회 제공

셋째, 급여 인상에 대한 인센티브

회사와 개인마다 각자 처한 상황이 다르기 때문에 정답은 없고 비율의 고저만이 있을 뿐이다.

혁신으로
창조적 파괴를 행한
칭기즈칸

칭기즈칸은 기동성을 활용한 속도전의 대가였다. 여러 개로 나뉜 그의 군사들은 복잡한 패턴으로 흩어졌다 다시 모이곤 했다. 이들을 상대해야 하는 적들은 그 혼란스러운 모습에 당황하기 일쑤였다. 작전을 거의 파악하지 못하는 사이에 칭기즈칸의 부대들은 놀라운 조화를 보이며 빠르게 움직였다. 그들에게 당한 상대는 악마에 씌었다는 말로 밖에는 그들의 힘을 설명하지 못했다. 하지만 이들의 귀신같은 조직력은 사실 혹독한 훈련에서 나온 것이다.

칭기즈칸은 전쟁이 없을 때면 겨울마다 '위대한 사냥'이라고 불리는 훈련을 실시했다. 보통 3개월이 걸리는데 칭기즈칸은 중앙아시아의 초원에서 약 130㎞에 걸쳐 병사들을 한 줄로 세우고 사냥을 시작했다. 수백 킬로미터 떨어진 곳에는 사냥이 끝나는 지점을 나타내는 깃발이 꽂혀 있었다. 한 줄로 늘어선 대열이 전진하면서 사냥감들을 앞쪽으로 몰았다. 그리고 난 후 대열의 양 끝부분부터 복잡하게 구성된 기동 훈련에 따라 빠르게 움직이고, 일렬이었던 선이 서서히 곡선을 형성해가며 최후에는 커다란 원을 만들어냈다. 최종에는 그 원의 한가운데에 깃발이 꽂혀 있는 셈이 되는 것이다. 커다란 원에 갇히는 처지에 놓인 사냥감들은 하나 둘씩 잡혀 먹혔고, 가장 위험한 사냥감인 호랑이는 가장 나중에 포획을 했다.

이 위대한 사냥을 통해 몽골군은 멀리서 보내는 신호로 의사소통을 하고, 정확성을 기해 조화롭게 움직이고, 다양한 상황에서 자기가 해야 할 일을 인식하며, 명령을 받지 못해도 스스로 행동을 개시할 수 있는 능력을 터득했다.[17]

워싱턴포스트, 뉴욕타임스, 포천과 타임지는 지난 천 년 간 세계 역사에서 가장 위대한 인물로 칭기즈칸을 선정했다. 그가 '밀레니엄 맨'으로 선정된 이유는 서로 고립된 지구상의 문명과 사람을 빠른 속도로 연결시켜 세계를 좁게 만들었기 때문이다. 그는 한 사람의 꿈은 단지 망상에 불과하지만 만인의 꿈은 바로 현실이 된다며, 열정과 수평적이고 개방적인 사고를 통해 비전을 공유하게 만든 영웅이었다.

칭기즈칸 역시 기술, 정보, 속도를 중시했다. 까막눈이었으나, 칭기즈칸은 정복지의 과학자도 과감하게 등용했으며, 역참(驛站)과 대상을 통한 정보 장악으로 시간과 공간을 제압했다. 오늘날 인공위성과 같이 역참을 설치하고 연락병들이 파발마를 갈아타게 하여 커뮤니케이션 수단을 확보함으로써 정보전과 속도전에서 우위를 점했다. 중국과 중동, 유럽대륙에서 동시다발적으로 전쟁을 벌이는 전략은 오늘날 미국도 수행하기 힘든 불가사의에 가까운 것이다. 칭기즈칸은 혁신적인 사고를 멈추지 않았기 때문에 항상 도전적이었다. 그는 성을 쌓는 자는 망할 것이고, 다리를 놓는 자는 흥할 것이라고 믿었다.

"나의 자손들이 비단옷을 입고 벽돌집에서 살게 될 때 나의 제국은 망할 것이다." 곱씹어볼 만한 칭기즈칸의 유훈이다.[18]

피사의 사탑이 기울어진 까닭은?

지질 때문이다. 탑 바로 아래는 두께 약 10m의 침니(모래보다 곱고 진흙보다 거친 침 적토)로 되어 있다. 그 밑은 깊이 40m의 해양 진흙층이고, 바로 그 밑은 모래층이다. 암반이 없는데다 지하수까지 흐르고 있으니 육중한 석탑을 세우기에는 불안정한 지질 인 셈이다.

사탑이 기울기만 하고 무너지지 않은 것은 기적이다.

처음 쌓아올릴 때부터 탑은 기울기 시작했다. 1174년에 착공된 피사의 사탑은 3층까 지 쌓아올렸을 때 지반 한쪽이 가라앉고 있다는 사실을 알았다. 기울어진 모양을 보정 하기 위해 새로 층을 올릴 때 기울어져 짧아진 쪽을 더 높게 만들었다. 기운 것처럼 보 이지 않게 하려고 했지만 추가한 석재의 무게로 건물은 더욱 가라앉았고 4층을 건축하 던 중 결국 공사는 중단되었다.

대략 100년이 흐른 뒤 다시 공사가 재개되었다. 연약한 지반을 다지는 작업을 먼저 했 더니 이번에는 지반을 보강하지 않은 남쪽으로 기울어졌다. 그래서 남쪽의 기둥과 아치 를 더 높이 만들었다. 7층까지 건물을 쌓아올리다가 다시 공사를 중단하고 말았다.

다시 세월이 흐른 뒤 종루를 쌓았는데, 이번에는 탑이 반대 방향으로 쏠리도록 북쪽으로 조금 기울게 하는 방법을 이용했다. 연약한 지반임에도 불구하고 피사의 사탑이 완성될 수 있었던 것은 진흙층이 세월이 흐르는 동안 굳어졌기 때문이다.

이제 겨우 끝났다 싶었는데 탑은 그대로 서 있지 않고 조금씩 남쪽으로 기울어졌다. 탑 의 기울기가 $1.6°$에서 무려 $5°$로 늘어났다. 나중에 이탈리아의 독재자 무솔리니 시대 에 토대를 강화하려고 콘크리트 80t을 쏟아 부었다. 탑은 남쪽으로 더욱 기울고, 기울 어지는 속도는 오히려 더 빨라졌다.

피사의 사탑(Torre Pendente)은 도시국가였던 피사가 팔레르모 해전에서 사라센 함대 와 싸워 승리한 것을 기념해 세운 대성당의 부속 건물이다. 갈릴레이가 '낙하의 법칙'을 실험했다는 종탑으로도 유명하다. 하얀 대리석에 8층으로, 높이는 약 55m, 무게는 대략 1만5천t이다. 세례당, 피사의 사탑과 납골당이 있는 '두오모광장'은 1987년 유네스코 세계문화유산으로 등재되었다.

매년 1mm씩 더 기울어가던 탑의 정상은 1990년 그 기운 길이가 수직에서 4.5m를 넘어섰다. 사탑이 붕괴 위험에 처하자, 이탈리아 정부는 세계적으로 유명한 이 탑을 살리기 위한 전문위원회를 구성했다. 탑의 기단을 파헤쳐 보강하려다가 자칫 탑이 통째로 무너질 수도 있고, 버팀대를 설치하거나 케이블로 잡아당기면 탑의 중간이 꺾일 수도 있었다. 그런데 무엇보다 중요한 것은 피사의 사탑은 어느 정도 기울어져 있어야 한다는 것이었다.

결국 전문위원회는 탑의 북쪽에 660t의 납덩어리를 달자는 결정을 내렸다.

1997년 납덩어리를 달자, 사탑은 남쪽으로는 더 이상 기울지 않고 북쪽으로 조금 돌아섰다. 그러나 납덩어리에 대한 전 세계인들의 반발은 엄청났고 결국 새로운 방법을 찾아 나섰다. 탑 밑에 콘크리트 링을 설치하는 방안을 채택하기도 했으나, 최종적으로 채택된 것은 탑이 올라간 쪽의 흙을 파내는 방법이었다.

몇 차례의 우여곡절이 있었지만 이 방법은 대단히 성공적이었다.
2001년 흙 파내기가 종료되었는데, 탑 상단의 기울어진 거리가 무려 600mm나 줄어들었다.
흉물스러웠던 납덩이는 당연히 제거되었다.
학자들은 적어도 3백 년 동안은 현재의 기울기대로 안전하게 서 있을 것으로 추정하고 있다.[19)]

[기술과 마케팅]

기술이 없었다면
SE는 존재하지 않았다

「Creative Destruction」
"창조적 파괴, 즉 혁신은 자본주의만이 아닌 모든 경제 발전의 원동력이다."
- 조셉 슘페터(Joseph A. Schumpeter) -

기술이 없었다면

SE는 존재하지 않았다

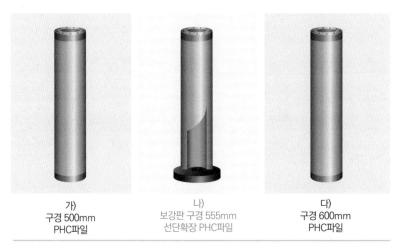

가)
구경 500mm
PHC파일

나)
보강판 구경 555mm
선단확장 PHC파일

다)
구경 600mm
PHC파일

보강판을 활용하여 500을 600으로 만드는 방법

1. 위의 가), 나), 다) 파일의 중앙부분은 비어 있다.

2. 가)와 나) 500mm 파일의 외벽 두께는 80mm이고 다) 600mm 파일의 외벽 두께는 90mm이다.

3. 나) 파일의 하단에 달린 15mm 두께의 보강판은 안쪽에 270mm의 구멍이 파진 도넛 모양이다.

퀴즈: 세 개의 PHC파일 중 어느 것이 토양 속에서 가장 지지력이 좋을까?

힌트 1. 파일 선단 부위의 지지력은 선단의 면적에 비례한다.

힌트 2. 원형인 파일의 선단면적은 반지름의 제곱 함수이므로 반지름을 조금만 확장해도 면적은 제곱으로 늘어나는 효과가 생긴다.

위 퀴즈의 답은 두 개로 나)와 다)이다. 만약 토양의 지질이 동일하다면 나)와 다)의 지지력 또한 동일할 것이다. 이 불가능해 보이는 일을 행하는 것이 바로 선단확장 이엑스티보강판이다. 보강판은 파일 하단부의 접지면적을 넓혀 안정성과 지지력을 증대시켰다. 이는 바깥 뿐만이 아니라 안쪽으로도 면적을 넓혔기 때문에 가능한 일이었다.

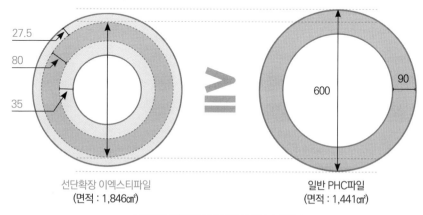

선단확장 이엑스티파일
(면적 : 1,846㎠)

일반 PHC파일
(면적 : 1,441㎠)

보강판을 활용하면 작은 것이 큰 것보다 강하다

SE가 하는 컨설팅이 도대체 무슨 컨설팅인지 아직도 궁금해 하는 분들이 있을 것이다. 파일 컨설팅에는 지질을 분석하여 파일을 지탱할 적합한 지반(주로 풍화암[20])을 찾는 일이 가장 중요하다. 엇비슷해 보이는 땅이지만 의외로 특이한 지반인 경우가 적지 않기 때문이다. 그 다음은 파일을 풍화암 위에 잘 안착시키는 일이다. 파일을 잘 안착시키려면 아주 다양한 작업들을 행해야 하는데, SE는 이 다양한 일과 파일을 안착시키기에 적당한 지반을 찾아내는 역할을 한다.

파일의 안착 여부는 3mm 이하로 관리한다. 파일을 항타기로 쳤을 때 땅속으로 3mm 이상 내려가지 않으면 땅에 제대로 서 있는 상태가 된다. 시험을 할 때 항타기는 통상 2m 높이에서 파일을 내려치는데, 이는 에너지 효율을 고려한 것이다.

땅을 파고 들어가다 보면 별의별 일이 다 생긴다. 수맥을 만나기도 하고 거대한 암반과 마주치기도 한다. 단단한 암반이 나오는 경우에는 당연히 파일을 사용하지 않는다. 파일 없이도 지지력이 거뜬히 나오기 때문이다. 대신 암반이 지하공간을 확보하지 못할 만큼 위쪽으로 돌출되어 있으면 좀 깎아내야 한다.

먼 옛날 성벽을 쌓을 때 커다란 바위가 땅 밖까지 불룩 튀어나와 있는 경우에는 어떻게 처리했을까. 이런 경우에 고구려 사람들은 바위를 깎아내지 않고, 쌓아가는 돌들을 바위의 생김새를 반영하여 쪼아내고 다듬었다. 이렇게 쌓으면 바위와 성벽의 돌들은 이빨을 앙다문 듯 완벽히 밀착되어 성벽이 더욱 튼튼해진다. 천오백 년이 지난 지금도 고구려 성벽이 끄떡없는 것은 이 때문이다. 이를 그렝이공법이라고 한다. 이 공법은 고구려 왕릉에서도 드러나는데, 원리는 간단하지만 이렇듯 단단한 암석을 가공하는 데에는 고도의 기술이 필요하다.

고구려의 그렝이공법은 주변국에도 영향을 주었다. 신라의 불국사를 비롯한 사찰이나 일본의 신사에도 나타나는데, 이곳의 주춧돌은 반듯이 다듬지 않았다. 주변에서 채취한 자연석의 굴곡에 맞춰 기둥을 깎아 울퉁불퉁한 주춧돌 위에 세웠다. 때로는 부실하고 어설픈 듯 보이지만 돌을 매끄럽게 다듬어 쓰는 것보다 그렝이공법이 훨씬 강하다는 것이 증명되었다.[21]

파일 시공에 대해 몇 마디 더 하면, 파일의 지지력은 골고루, 되도록 균등하게 나오는 게 좋다. 파일 3개를 시공했을 때 각각의 지지력이 95, 100, 105가 되는 경우가 80, 90, 130이 되는 경우보다 낫다. 지지력의 합은 같지만, 지지력의 차는 적을수록 좋다. 이런 정밀시공을 SE가 돕는다. 파일의 지름을 작게 하면서도 하중을 많이 받아낸다면 최상의 시공인데, 이 시공 능력의 증진 또한 SE가 돕는다. 근묵자흑(近墨者黑)이라는 격언이 있듯이, 땅속의 파일들도 이 말을 필요로 하니 그저 신기할 따름이다.

파일과 파일은 최소한 파일 직경의 2.5배 이상 서로 떨어져 있어야 한다. 파일과 파일 사이가 너무 가까우면 군말뚝효과(group pile effect)라 해서 파일들이 같이 거동하는 불상사가 생길 수도 있기 때문이다. 만일 파일 1개의 지지력이 낮아지는 상황이 생기면 그 옆의 다른 파일의 지지력도 악영향을 받을 수 있다. 파일 2개가 시공되어 지지력이 각각 100씩 나와 100+100으로 지지력의 합이 200인데, 만일 파일 하나의 지지력이 90으로 떨어지면 90+100인 상태로 머무르는 게 아니라 90+90으로 지지력이 180으로 하향될 개연성이 많다.

특허가
마케팅의
보증수표는 아니다

"특허가 마케팅의 보증수표는 아니다." 마케팅을 할 때 제품 자체는 최우선적인 고려 대상이 못 된다는 뜻이다. 마케팅 담당자들은 시장조사를 하면서 사실을 캐내는 일에 집착한다. 그런 다음 자기 회사의 제품이 최고이며 최고의 제품이 승리하게 되어있다는 믿음을 갖고 자신 있게 마케팅을 한다. 하지만 이는 환상에 불과하다. 객관적인 현실은 존재하지 않는다. 사실 따위도 없다. 최고의 제품 역시 없다. 마케팅 세상에는 소비자와 소비자의 기억 속에 자리 잡은 '인식'만이 존재할 뿐이다. 그 외의 다른 모든 것은 환상이다. 마케팅은 제품의 싸움이 아니라 인식의 싸움이다. 그리고 마케팅은 그런 인식을 다루는 일련의 과정이다.[22]

건축에 대한 지식이 없는 사람이더라도 SE 선단확장 이엑스티파일에 들어가는 보강판의 기본원리는 그다지 어렵지 않게 이해할 수 있다. 코카콜라 병을 거꾸로 세워두면 불안해 보일 것이다. 안정감이 없어 외부에서 가해지는 아주 작은 힘에도 병이 쓰러져 버릴 테니 말이다. 지면에 닿은 면적이 넓을수록 외부의 압력에 버티는 힘은 강해진다. 그래서 밑면적이 넓은 선단확장 이엑스티파일이 일반 PHC파일보다 지지력이 20~30% 정도쯤 높다. 그러니까 땅에 박아야 하는 파일의 개수가 대략 20~30%쯤 줄어든다. 정밀한 수치를 제시하지 못하는 이유는 파일을 시공하는 현장마다 토질 등 제반 여건이 모두 다르기 때문이다.

하여간 공장에서 만들어내는 파일의 숫자가 줄어들면 파일 제작에 필요한 콘크리트와 철근의 양은 선단을 확장하기 전보다 감소할 것이다. 그렇다. 이는 우리의 상식에 어긋나지 않는 일이다. 만약 땅에 관입하는 파일의 숫자가 줄어든다면, 이 또한 우리가 생각한 대로 천공수 감소에 따른 진동과 소음 저감 등으로 환경성이 향상된다.

선단확장 이엑스티파일은 기존의 파일 시공방식에 있어서는 차이가 없다. 파일 시공현장에서 발생하는 커다란 소음은 민원을 야기하기 마련이다. 그래서 소음을 줄이려 천공작업을 하는데 땅에 미리 구멍을 내두는 일이다. 지반이 약할 경우에 흙벽이 무너지지 않도록 케이싱과 동시에 굴착하는 경우가 있는데, 천공을 마친 다음 파일을 땅속에 집어넣는 방식이 요즘 대세인 매입(Preboring)공법이다.

천공 구멍 수가 줄어들면 시공비가 절약되고 공사기간이 단축된다.

이 또한 우리의 상식에 어긋나지 않는다. 공기가 단축된다는 것만으로도 흡족해 할 건설사도 있을 것이다. 그런데 공사비까지 20~30% 가량 절감된다니 선단확장 이엑스티파일은 건설사로서는 구미가 당기지 않을 수 없는 유혹이다.

← 이음부

← 본체

스크류 →

Bit →
↑
Hole

SAP
대형 스크류를
소형 스크류로

앞서 나왔던 보강판 아이디어처럼 SAP(Screw Anchor Pile)[23]의 착상과 원리 또한 난해하지 않다. 한 마디로 말하면 SAP은 나사못의 장점을 활용한 작은 파일이다. 겉이 매끈한 일반 못과 나사못을 연상하면 일반 파일과 SAP의 차이점에 대한 느낌이 올 것이다. DIY 책상이나 의자를 손수 조립해 본 사람이면 아니, 조립해 보지 않은 사람이더라도 직관적으로 알아챌 수 있다. 나사못으로 결합된 책상과 의자가 더 튼튼하다는 것을. 일반 강관파일과 SAP, 둘 중 SAP이 더 튼튼하다는 것은 그래서 자명하다.

파일에 붙어 있는 스크류는 뜻밖에 다양한 기능을 한다. 먼저 회전하는 스크류는 연약한 지층을 다져주는 효과를 발휘한다. 그리고 흙을 휘감고 있는 스크류는 지반과의 밀착도를 높여준다. 지반과 닿는 면적이 증가하기 때문이다. SAP은 작은 천공으로도 시공이 가능해 지반의 침하나 틀어짐 현상을 방지할 수 있다. 또 스크류 자체가 파일이 휘어지거나 비틀어지는 현상을 막아주는 기능도 한다. 게다가 소음을 절감하면서 시공 속도까지 빠르니, SAP은 제가 속한 무리 중에서 가히 백미(白眉)라 불릴 만하다.

그런데 이 SAP, 소구경강관파일의 생김새는 나사못보다 오히려 항타기의 스크류와 더 닮았다. 엇비슷한 듯 보이지만 이 둘에 달린 스크류의 기능은 커다란 차이점이 있다. 항타기의 스크류는 흙을 파내려는 목적으로 단 것이고, SAP의 스크류는 반대로 배토를 시키지 않기 위해 단 것이다. 그래서 스크류와 스크류 사이의 거리를 파일 구경의 2.5배로 한 것이다. 이 최적화된 2.5를 찾기 위해 역시 수많은 시행착오를 거쳐야 했다. 1.5배로 했다가 3배로 늘렸다가 2배로 줄였다가 다시 미세하게 조정하기를 수차례 반복했다. 한편 스크류의 길이에도 작은 비밀이 있다. 스크류 길이를 SAP 구경의 두 배로 했을 때 지지력이 최대치가 나오기 때문에 두 배가 된 것이다.

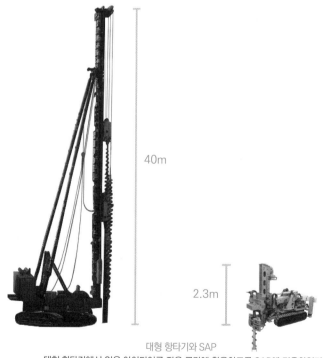

40m

2.3m

대형 항타기와 SAP
대형 항타기에서 얻은 아이디어를 작은 공간에 활용하도록 SAP에 적용하였다이 SAP(Screw Anchor Pile·소구경강관파일)을 따라서 공법의 이름도 SAP(Speedy construction, easy Access, high caPacity)이라 했다. 이 공법은 기존 마이크로공법과 비교했을 때 내략 25% 정도의 공사기간을 단축할 수 있고 20% 안팎의 공사비를 절감할 수 있다. 단언컨대, 이 SAP공법은 상당히 알뜰한 공법이다. 특히 실내의 공사기간 단축은 놀랍기 그지없다. 예를 들어 두 달 걸릴 공사기간이 한 달 정도로 줄어드니 말이다. 향후 최대 3분의 1까지 공기가 단축되는 경이적인 프로젝트도 있을 것으로 예상된다.

SAP의 발자취는 다음과 같다. 2009년 1월 SE는 한라건설, 현대산업개발, 시지엔지니어링과 SAP개발에 관련된 협약을 맺었다. 2009년 11월 대한토목학회와 연구용역을 체결해 학계에서는 고려대 이우진 교수, 성균관대 유충식 교수가 참여했다.

4년이란 적지 않은 시간이 흐른 후, 2012년 1월 마침내 한국건축구조기술사회의 기술인증[24]을 받았고, 같은 해 4월 국내 최초로 '아파트 뜬구조'[25]에 적용했다. 청담동에 있는 청구아파트(리모델링 후 아이파크로 변경)였는데 현대산업개발의 구조팀, 시공팀과 SE 기술연구소의 협업으로 여러 시행착오와 밤샘 작업을 통해 성공적으로 공사를 수행하였다. 당시 현장은 수직증축이 아니라 지상 1층에 필로티를 만들어 꼭대기에 한 층을 올리고 수평으로 세대수를 늘리는 공사였다. 이 공정의 과정은 대강 이러했다.

먼저 지하 2층으로 내려가 실내 바닥에 소구경강관파일(SAP) 수백

개를 박았다. 그 다음 지하 2층 실내 바닥의 콘크리트를 부수고 흙을 파냈다. 그러면 지하 2층 밑이 텅 비게 되는데 이것을 '뜬구조'라 한다. 이 뜬구조를 보충 설명하면 아파트 한 동 전체가 소구경강관파일 수백 개 위에 떠 있는 상태라는 뜻이다. 이렇듯 뜬구조 상태에서 지하 3층 바닥의 기초를 닦은 후 콘크리트로 바닥을 만들고 벽체를 만들었다. 지하 3층이 완성된 다음 지하 2층을 원상태로 복구하면 다 된 것이다. 동화에서나 나올 법한 마술처럼 보이는 공법인데, 건물이 소구경강관파일 위에서 잠시 공중부양을 한 듯 허공에 머물러 있다고 생각하면 이해하기가 그다지 어렵지 않을 것이다.

참고로 현장 실사를 나온 건설신기술 심사위원들과 LH공사 직원들이 이 시공 장면을 흥미롭게 지켜보았다.

SAP을 이용한 뜬구조 적용 현장(청담동 아이파크)

그런데 SE는 왜 5년이란 긴 세월 동안 수십억 원의 거액을 들여가며 SAP을 개발했을까. SE의 SAP공법은 기존의 마이크로파일공법[26]보다 공사기간이, 특히 실내일 경우에는 약 3배가 빠르다. 실제로 청담동 청구아파트에서 SAP 공사기간이 불과 한 달 남짓이었다. 앞에서 몇 번 강조하지만 공사기간의 단축은 바로 공사비와 직결되는 일이다. 특히 시공사에는.

SAP공법은 천공과 더불어 소구경강관파일을 투입하기 때문에 소음이 적다. 리모델링 지구는 거의 대부분 도심 주거지이기 때문에 소음은 시공사와 주민들에게 아주 민감한 문제이다. 민원이 발생하게 되면 공사 자체가 중단되기 일쑤이다. 어떤 공법을 발전시키기 위해서는 해당 공사 과정에 대한 폭넓은 이해와 깊이 있는 탐구가 필요하다. SAP은 공기 단축, 민원 감소, 협소한 공간에서 소형장비 작업을 수월하게 했으니 참으로 신통한 공법이 아닐 수 없다.

SAP제품과 SAP공법은 청담동 청구아파트 외에도 국방과학연구소 탱크 기초시험장, 현대기아차 기술연구소, 워커힐호텔 리모델링, 현대백화점 무역센터점의 기계식주차장 등의 설계에 적용되었다.

SAP은 세인의 주목을 끌기에 충분한 기술이다. 2012년 11월 현대건설 기술대전에서 입상했으며 2012년 12월 LH공사 '기초공사 다양화방안(소구경 파일)'에 채택되었다. 그리고 그토록 오랫동안 고대하던 국토교통부(2013년 1월 당시에는 국토해양부) 건설신기술 인증[27]도 받았다.

사실 아이디어만으로 위에 열거한 모든 성과가 이뤄진 건 아니다. 대략 5년이라는 시간이 걸렸고 직접적인 투자개발비만 10억 원이 넘게 들었다. 관련된 특허 6, 7개를 추가로 출원했으니 특허등록비용 등 SAP과 관련된 기타 부대비용을 합하면 총 투자비는 30억 원에 근접할 것이다. SE가 제법 많은 특허를 가지고 있는 것은 특허 하나로는 부족하다는 것을 '보강판 베끼기 사태'에서 절감했기 때문이다. SAP과 관련된 특허를 많이 보유하고 있으니 이제 SE는 혹시 발생할지도 모를 특허 침해에 잘 대응할 수 있을 것이다.

이 SAP공법으로 SE는 2013년 1월 신기술 인증을 받았다. 선단확장 이엑스티파일로 신청했을 때에는 고배를 마셨으니 국가의 신기술 인증은 SE에, 특히 엔지니어들에게는 기쁘기 그지없는 성과였다.

2012년 당시 국토해양부(2013년 현재는 국토교통부)에 신청한 공법은 건설신기술 제684호로 지정되었는데, 이 SAP기술의 정식 명칭은 '천공과 설치가 동시에 가능하도록 스크류를 부착한 소구경 강관말뚝 공

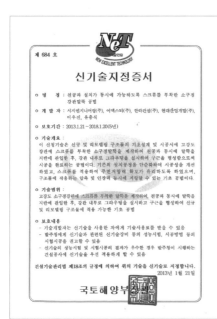

건설신기술(NET) 지정 증서

법'이다. 지정인은 이엑스티주식회사 외 5인이다. SE의 회사명이 당시에는 이엑스티였다.

이렇듯 장황하게 건설신기술 자랑을 늘어놓는 것은 인증을 받는 게 정말 어렵기 때문이다. 정확한 통계는 내보지 않았으나 대략 100건을 신청하면 10건 안팎이 신기술 인증을 받는다. 성공률이 겨우 10% 남짓인 셈이다. 게다가 심사기간이 장장 5개월이나 된다. 그런데도 기업들은 왜 이렇게 신기술 인증을 받으려 애쓰는 것일까.

건설신기술은 '시공사의 무기'이다. 영업의 도구와 공사 수주의 도구로써 활용성이 매우 높기 때문이다. 예를 들면, 발주처가 시공사들을 평가할 때 신기술 인증을 보유하고 있으면 조금 더 높은 평가점수를 준다. 그리고 신기술은 금액의 3~8%를 기술사용료로 당당하게 청구할 수 있다. 기술사용에 대한 대가를 지불하는 데 인색한 우리 대한민국에서는 희귀한 사례이다.

건설신기술의 대상은 국내에서 최초로 개발한 건설기술이나 외국에서 도입하여 개량한 기술이다. 국내에서 신규성, 진보성 및 현장 적용성이 있다고 판단되는 건설기술[28]에 대하여 이를 개발한 자의 요청이 있으면 해당 기술의 보급이 필요하다고 인정되는 기술을 선정한다.

국토교통부의 건설신기술 인증이 SE의 영업과 미래를 보장해 주지는 않는다. 하지만 이 기술이 없었다면, SE는 이 세상에 존재하지 못했을 것이다. 하지만 특허를 받은 기술도 성공의 보증수표는 아니다. 새로운 제품을 개발하고도 시장을 개척하지 못한 제품은 셀 수 없이 많다. 발명된 지 한참이 지났지만 활용되지 못해 잠자고 있는 특허도 부지기수이다.

제아무리 특허를 받은 기술이라 해도 판매하여 수익을 거두기 전까지는 막연한 꿈이나 단순한 아이디어에 지나지 않는다. 상품이라는 것은 결국 소비자에게 팔아야만 하는데, 이 상품에 대한 선택 역시 결국 소비자가 결정한다는 것을 SE는 이제 체득하고 있다. 예전에는 SE도 소니처럼 '기술의 소니'에 비유하는 게 쑥스럽지만, 한때는 기술력이 다른 그 무엇보다 최고라고 여겼다. 하지만 이제 SE의 변모된 모습에는 마케팅을 중시하는 긴장감이 여실히 드러난다.

마지막으로 SE의 자랑거리인 SAP의 완성은 비배토(非排土) 기술에 있다. 비배토는 흙을 배출하지 않는다는 뜻으로, 흙을 땅 밖으로 빼내지 않으면서 소구경강관파일을 삽입한다는 것을 다시 한 번 강조하고 싶다. 모든 흙이 땅속에 그대로 있는 것은 아니지만 교란 굴착을 한 후에 흙의 배출 없이 굴착을 할 수 있다. BD 5001(바인더스 제품번호)을 이용해 지반을 어느 정도 고결시키고 난 다음 굴착하면 된다. 땅속의 흙은 그대로 놓아둔 채 어떤 물체를 땅속으로 집어넣는 기술, 이것이 진정 혁신적인 기술이다.

행복주택과
수직 증축 리모델링

2013년 상반기에 한국토지주택공사(LH)는 철도부지나 유수지를 활용해 임대주택을 공급하는 행복주택 건립사업을 발표했다. SE 임직원들은 이 행복주택 건립사업을 긴 항해 끝에 도착한 열대의 휴양지처럼 느꼈다. SAP공법은 이미 이 사업에 낙점을 받은 거나 마찬가지라고 낙관하고 있었기 때문이었다. 그런데 2013년이 채 저물기도 전에, SE는 폭풍우를 만난 배가 무인도에 기착한 듯한 심정이 돼버렸다. SE가 2013년 9월 사상 최대의 어음을 부도 맞은 때문이었다. SE 임직원들이 몇 달 동안 일한 대가가 한순간에 허무하게 사라진 것이다. SE뿐만이 아니라 수많은 중소기업이 갖고 있던 수백 수천 장의 어음이 한낱 종이쪼가리로 변해 버렸다.

어음은 미래에 대한 약속이며 그 약속에 대한 실천이다. 하지만 약속과 실천, 정직과 성실, 미래의 발굴을 핵심 가치로 내건 SE는 어음을 발행하지 않는다. SE는 어음을 받기만 할 뿐 발행하지는 않는다. SE는 문을 닫을지언정 어음은 발행하지 않을 것이다.

다시 한 번 말하지만, SE의 핵심 가치는

첫째, 약속과 실천

둘째, 정직과 성실

셋째, 미래의 발굴이다.

어음을 발행하든 발행하지 않든 이 세상에 존재하는 모든 회사가 표방하는 핵심 가치는 모두 좋은 단어일 것이다.

SAP 신문광고

행복주택에 대한 SE의 지대한 관심과 낙관은 신기술인 SAP 때문이었다.

하지만 특허는 마케팅의 보증수표가 되지 못하고 때로는 오히려 역차별까지 받는다. 발주처가 정부기관인 건설현장에서 특히 그러하다. 정부기관들이 특허 공법을 기피하기 일쑤인데, 이유인즉슨 특허 사용에 따른 비용이 추가되기 때문이다. 하지만 건설신기술로 지정된 특허는 대우가 달라진다. 정부기관 스스로 건설신기술만큼은 사용을 장려하고 있기 때문이다. 그래서 LH공사가 추진하는 행복주택사업에 SE의 SAP공법이 채택될 가능성이 매우 높을 것으로 기대하고 있다.

7개의 행복주택 시범지구 가운데 한 곳에 대해서만 간략히 소개한다. 서울시 구로구 오류지구의 행복주택은 대학생, 신혼부부, 취약계층 등을 위하여 소규모의 1,800가구로 최고 20층 높이로 건립된다. 철로 위로 데크(deck)를 씌워 공원이 조성된다. 이 지구의 전체 개발 컨셉은 '푸르른 자연과 주민이 함께하는 건강도시'이다.

LH공사는 설계안 확정 후 조속한 건설공사 발주와 시공을 위해 행복주택사업의 공모과업에 기술제안 입찰안내서를 작성해 포함시켰다. 2014년도 내에 기술제안 입찰 공고가 날 것이고 SE도 제안서를 제출할 것이다. 2014년 이후 행복주택을 떠받치고 있는 SAP을 그려본다.

행복주택과 함께 수직 증축 리모델링 활성화는 SE에겐 큰 기회가 될 것이다. 국토교통부는 2012년 기준으로 리모델링 가능 연한인 15년이 지난 아파트가 전국적으로 약 400만 가구에 달하는 것으로 파악하고 있다. 이중 150만 가구 정도가 실제로 사업을 추진할 것으로 예상되는데, 현재 수도권에서 리모델링을 추진하는 단지는 약 30곳, 2만 가구쯤이 된다.

국토교통부는 '수직 증축 리모델링'을 실행할 수 있는 필수 요건으로 신축 당시의 구조도면을 포함시켰다. 구조도면이 있어야 건축물의 기초·파일 등에 대한 상태가 파악 가능해 안전한 리모델링을 할 수 있다는 판단에서다. 수직 증축 리모델링은 우리가 알고 있는 수선이나 인테리어 개념의 리모델링이 아니다. 대대적으로 보강을 하는 것으로, 앞으로는 최대 3개 층까지 층수를 올리는 증축도 가능하다. 3개 층으로 제한한 까닭은 구조안전 시뮬레이션 결과, 3개 층을 초과하면 기초와 내력벽 등 주요 구조에 대한 보강이 어렵기 때문이다. 또 리모델링할 때 총 가구 수의 15% 범위 안에서 가구 수를 늘려 일반분양을 하는 것도 가능해졌다.

주민이 거주하는 상태에서 아파트의 증축 허용 범위를 정하고 구조 안전성을 확인하려면 2단계 검사가 필요하다. 1차로 현장에서 육안 검사와 비파괴 검사 등을 통해 안전 진단을 실시하고, 2차로 주민을 이주시킨 후 내장재 철거 상태에서 도면 확인과 구조에 대한 상세한 진단을 진행해야 한다.

수직 증축 리모델링에 따른 도시 과밀, 일시 집중 문제를 방지하기 위해 앞으로 지자체별로 '리모델링 기본계획'을 수립해야 한다. 특별시, 광역시, 50만 이상 대도시는 의무적으로 수립해야 한다. 1기 신도시에 대하여 세대수 증가에 따른 도시과밀 영향 등을 분석했다. 성남시 분당구의 경우 기존 계획이 4명이었는데 2013년에 2.7명으로 줄었다. 가구당 인구 감소로 상하수도, 공원, 녹지 등 기존 기반시설에 대한 추가부담은 미미할 것으로 예상된다.[29]

현재 추진되고 있는 행복주택사업과 리모델링 수직 증축 허용방안이 이미 준비된 기술과 제품을 보유한 SE에 다시 블루오션이 되고, 한 단계 더 도약할 수 있는 발판이 되기를 희망한다.

5년, 10년 후 , SAP은 어느 현장에서 어떠한 일을 맡고 있을까. SAP의 미래는 압축재에서 한 발 더 나아가 인장(引張) 기능을 구현한 제품이 될 것으로 예상한다. 이를 위해 SE는 SAP에 적합한 또 다른 공법을 개발하고 있다. 예를 들면 건물이 기우는 현상이나 구조물이 위로 뜨려는 것을 방지하는 공법이다. 그래서 SE는 터파기를 하면서도 SAP으로 흙막이를 설치하거나 벽이 쓰러지지 않도록 지지하는 방안들을 연구하고 있다.

갑을 컴퍼니?

SE는 선단확장 이엑스티파일은 물론 소구경강관파일(SAP)도 외주 제작한다. 자체의 공장이 없기도 하거니와 공장을 운영하는 일은 SE 의 사업영역을 벗어난다는 판단 때문이다. 파일을 자체적으로 제작 하지 않듯 소구경파일의 시공 역시 하지 않는다. 시공을 하면 단기적 으로는 이익을 조금 더 거둘 수 있겠지만 공정, 품질, 안전, 거래처 등 을 관리할 새로운 시공 인력들이 필요하다. SE는 시공 인력을 충원 하는 대신에 기술 인력을 보강하는 게 유익할 것으로 생각한다. 시 공은 시공을 전문으로 하는 회사가 전담하는 게 시공사에도 더 유익 할 것이다.

2013년 경영계 최고의 화젯거리가 되고 사회적으로도 큰 논란거리 로 비화한 사건이 '갑을 관계' 일 것이다. SE의 주요 협력사 중에 GNC

라는 회사가 있는데, 선단확장 이엑스티보강판을 SE 대신 생산해주고 있으니 SE로서는 고마운 회사이다. 하지만 우리나라 사람들의 기존 통념으로는 GNC가 '을'이다. 2013년부터는 소구경파일(SAP)도 생산하여 SE에 납품하고 있는데, 이 SE와 GNC의 관계는 통상적이지 않다.

2012년 SE의 몇몇 직원이 전남 광양시에 있는 GNC를 방문해 신제품개발 협의를 마치고 나서 단합대회를 개최했다. 종목은 족구, 타이틀은 저녁밥 내기였는데 치열한 승부 끝에 GNC 팀이 SE에서 출장 온 멤버들로 구성된 팀을 이겼다. 이날 저녁, 흥겨운 회식이 거의 끝나갈 무렵이었다.

SE의 직원 중 한 명이 말문을 열었다.

"내기에서 졌으니 저녁 밥값은 저희가 계산하겠습니다."

"그렇게 하시죠."

GNC 김종원 대표는 밥값을 내겠다는 SE 직원들을 굳이 말리지 않았다. 그러자 되레 GNC의 직원들이 수군거렸다. 서울에서 멀리 광양까지 출장을 왔으니 저녁식사라도 대접하는 게 아무래도 한국인의 정서에는 맞다 싶었을 것이다. 하지만 김 대표는 내기에서 GNC가 이겼으니 당초 약속대로 SE가 밥을 사는 게 당연하다고 생각한 것이다. 결국 밥값은 SE팀이 냈다.

시간이 한참 흐른 후, 이 일화를 들은 송 대표는 슬쩍 웃음을 보였다. 가타부타 아무런 말이 없었는데, 나중에 GNC 김종원 사장이 송 대표에게 그 까닭을 물었다고 한다. 약속을 지키는 사람은 원칙에 어긋나는 일을 하지 않을 것이니 GNC와의 협력관계가 오랫동안 지속될 거라는 확신이 들어서 기뻤다고 송 대표는 말했다.

팔아야 한다
보이지도 않는 제품을

2010년 SE는 뜻밖의 성과를 거두었다. 바로 아이에스동서와의 제휴였다. 이 제휴를 통해 SE는 적지 않은 과실들을 수확할 수 있었다. 그 성과 중의 하나가 SE만의 제품 이미지를 가질 수 있게 됐다는 것이다. 선단확장 이엑스티보강판이 PHC파일과 결합한 완제품이 되었을 때 비로소 그동안 눈에 잘 띄지 않았던 SE의 기술을 사람들이 눈으로 직접 확인할 수 있게 되었다. 2010년 3월 아이에스동서와 제휴로 탄생한 Ext-R과 2011년 12월에 생산을 시작한 Ext-S파일은 특히 시각적인 면에서 마케팅 효과가 지대했다.

둘째는 SE의 비즈니스 모델이 좋아졌다는 것이다. 파일제조사가 자신들의 파일 가격에 SE의 선단확장 이엑스티보강판의 가격을 더해 시공사에 청구함으로써 SE의 일손이 크게 줄어들었다. SE로서는 협력사인 파일제조업체에서 파일 값의 일정 부분을 수수료로 지급받

게 됨으로써 컨설팅 수수료를 받지 못할 위험이 그만큼 줄어든 셈이다. 기타 성과로는 미약하나마 SE가 파일시장에서 마케팅 파워를 가질 수 있게 되었다는 것이다.

아이에스동서를 비롯하여 SE는 아주산업, 삼부건설공업, 동양파일 등과도 생산협약을 맺을 수 있었다. 결과적으로 자체 공장을 갖고 있지 않으면서도 SE는 과분한(?) 생산 능력을 보유하게 되었다. 위의 4개사가 국내 파일 생산 물량의 60%를 담당하는 업체들이니, SE는 더 이상 파일 공급부족을 걱정하지 않아도 되었다. SE로서는 아주 듬직한 우군들을 얻은 것이다.

보강판을 장착한 파일을 공장에서 생산하기 전에는 이 보강판을 현장에서 파일에 부착해야만 했다. 파일제조업체들이 선단확장 이엑스티파일 생산을 거부했기 때문이었다. 그런데 어떻게 갑자기 아이에스동서와 제휴가 이루어진 것일까.

송 대표 일행이 아이에스동서를 방문했을 때 있었던 일이다.

"기다리고 있었습니다."

기다리고 있었다니? 송 대표 일행의 방문을 기다리고 있던 사람은 아이에스동서의 한동률 본부장이었다. 그는 머지않아 파일시장에 불어닥칠 변화를 어느 정도 감지하고 있었다. 이미 SE의 선단확장 이엑스티파일은 꾸준히 시장 점유율을 높여가는 상태였다. 그리고 공사비를 절감하려는 건설사들이 파일업체들에 선단확장 이엑스티파일을 은근히 압박하기 시작했던 것이다. 그래서 한동률 본부장은 추세를 거스르지 말라고 아이에스동서의 경영진을 설득했다. 아이에스동서도 SE와 제휴로 얻는 이익이 있었다. SE가 독자적인 영업력으로 확보한 현장, 이미 선단확장 이엑스티파일로 설계된 현장이 아이에스동서의 새로운 시장이 될 것이었다. 마침내 아이에스동서의 경영진으로부터 업무협약에 대한 지시가 떨어졌고, SE와 아이에스동서는 비즈니스 파트너로서 제휴를 맺었다. 양사의 협력관계는 곧바로 인천시 송도 대우 Rm1 현장의 파일 수주 전에서 빛을 발했다.

10%의
시장점유율,
10년이 걸렸다

파일에는 강관 파일, 해상 파일, 그밖에 특수 파일 등이 있는데 70% 가 PHC파일이다. 파일 제조 분야만 놓고 보면 시장 규모는 6천억 원 정도이다. 시공을 포함하면 9천억 원에서 1조 원 사이로 추산된다. 이 것저것 다 따지면 1조 3천억 원쯤이 될 것이다.

창업 10주년이 되는 2014년 현재 SE가 파일시장 전체에서 차지하는 점유율은 10% 남짓이다. 독과점적인 지위도 아니고 1등도 아니고 단지 10%일 뿐이다. 이는 대한민국에서 생산되는 파일의 약 10% 만이 선단확장 이엑스티보강판을 장착한다는 뜻으로, SE의 비즈니스 모델에서도 드러나듯 보강판을 제외한 파일 몸체의 제조와 SE의 매출은 아무런 관련이 없다. 어쨌든 겨우 10%인데도 이 10%의 시장점유율을 달성하기까지 10년이 걸린 것이다.

시장에는 경쟁자가 넘쳐난다. 그런데 만에 하나 SE의 선단확장 이 엑스티파일이 파일시장을 독점하게 된다면? 독점을 하는 SE 입장에 서는 나쁠 것은 없겠으나 독점사업은 법으로 엄격히 규제를 받는다. 그리고 주제를 넘어선 소리로 들릴지 모르지만, SE는 경쟁자가 있다 는 현실을 부정적으로만 보지 않는다. 다만 이 땅에서의 경쟁이 모든 중소기업이 결과에 깨끗이 승복할 수 있는 공정한 경쟁이길 바랄 뿐 이다. 이는 SE뿐만이 아니라 모든 중소기업의 솔직한 속마음일 것이 다. SE도 경쟁을 피할 수 있으면 차라리 피하고 싶다. 그래서 블루오 션을 찾아 나섰지만 SE는 여태까지 찾지 못했다. 무주공산인 신규 시 장에 대한 환상을 버리는 것이 SE다운 현실 인식이라고 생각한다.

시장은 이미 형성되어 있고 진입장벽은 점점 높아가고 있다. 이제 는 접근하는 방법이 과거와 좀 달라야 한다고 생각한다. 음성을 주고 받는 전화, 음악을 듣는 라디오에 이어 소리를 저장하고 재생할 수 있 는 전축이 등장하면서 음원이라는 시장은 이미 존재하고 있었다. 레 코드판에서 카세트테이프로, 카세트테이프에서 시디로, 시디에서 엠 피쓰리로 제품의 크기가 줄어들고, 사용이 편리해지고, 보관이 쉬워 졌을 따름이다. 번득이는 아이디어에 따른 신제품도 그 시장을 잠시 잠식하는 것에 지나지 않는다.

First mover. 어느 누구나 자신이 맨 처음임을 주장하고 싶겠지만 거의 대부분 뛰어난 모방자에 지나지 않는다. 경제에서 획기적인 업 적은 한동안 인간의 능력이 미치지 못했던 미지의 영역에서 나왔다. 전파, 우라늄, 유전자 등 인간이 존재 여부조차 몰랐던 것들 말이다.

창조경제는 지금까지 없었던 새로운 수요, 정말 존재하지 않았던 소비를 창출해내는 일대 사건이다.

하지만 신물질, 신약, 신기술, 특허공법도 결국은 팔아야 하는 상품의 한 종류에 지나지 않는다. 아쉽게도 SE의 기술과 공법은 투명인간인 듯 그 실체가 우리 손에 잡히지 않는다. 또 주력제품인 보강판과 SAP은 컴퓨터에 내장된 인텔사의 칩처럼 땅속에 파묻혀 소비자의 눈에 보이지 않는다. 그렇다면 자연스레 어떤 방식으로 마케팅을 할 것이냐는 문제가 대두된다. 마케팅은 수요자로부터 공급자로의 현금 흐름이고 이 현금의 흐름이 곧 비즈니스 모델이나 마찬가지다.

여느 회사처럼 SE도 비즈니스 모델을 꾸준히 개선해 왔다. 초창기 SE의 비즈 모델은 건설사가 절감하는 비용의 10~30%를 기술료로 받는 방식이었다. 그런데 프로젝트 건마다 수수료를 계산하는 방식을 고객인 시공사들도 불편해 하고 SE도 발품을 많이 팔아야 했다. 번번이 견적서를 제출하고 계약할 때까지 협상을 계속해야 했다. 수수료의 방향을 파일제조업체 쪽으로 선회하는 게 여러모로 유리해 보였다.

제조업체들은 우여곡절 끝에 SE와 선단확장 이엑스티파일을 생산해주기로 계약을 맺었다. 그래서 2012년부터 SE는 파일제조업체들로부터 선단확장 이엑스티보강판을 부착한 파일을 받아 시공사에 납품할 수 있게 되었다. 현재는 이 보강판의 물품 대금에 기술 사용료를 더한 방식을 사용하고 있는데, 사실 이 방식에도 동전의 앞뒤처럼 양면성이 있다. 관리가 쉬워진 대신 금액이 커진 것이다. 금액이 커지면서 대금을 회수하지 못할 경우 SE가 떠안아야 될 부담은 증가하기 때문이다.

1만
킬로미터를 향한
대장정

SE와 경쟁관계에 있는 회사들에는 오해를 불러일으킬 수 있는 이야기지만, SE는 다른 회사들에 도움이 되는 회사이다. 특히 시공회사들은 SE의 선단확장 이엑스티파일 덕분에 2014년 1월 현재까지 대략 3천억 원 이상 원가를 절감할 수 있었다. 또한 시공사들은 공사기간을 대거 단축할 수 있었는데 누적해 계산해 보니 무려 11,000일, 얼추 30년이 되었다.

10년간 파일공사 원가절감액

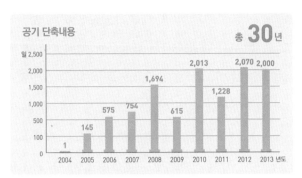

공기 단축내용   총 **30**년

10년간 파일공사로 단축된 공사기간

효율이 높은 선단확장 이엑스티파일을 시공사들이 사용하면서 지구의 소중한 자원이 절약되었으며, 콘크리트 폐기물 또한 약 28%가 감소했다. 기존 파일과의 단순 비교이기 때문에 실제 절감비율은 이보다 더 높을 것이다.

선단확장 이엑스티파일은 콘크리트는 물론 철근 사용량을 줄였고 이산화탄소 배출량도 감소시켰다. 파일을 지중으로 관입하고 나면 땅 위에 남은 파일 일부가 있다. 파일이 땅속 어디에서 지지가 되는지 정밀한 측정이 어렵기 때문에 파일을 여유 있게 주문하다 보면 파일의 윗부분이 남기 일쑤다. 지상에 남는 부분은 절단하고 파쇄기로 분쇄할 수밖에 없는데, 이는 다 폐기물이다. 쓰레기의 절대적인 양까지 감소시키므로 선단확장 이엑스티파일이 기존의 파일보다 더 친환경적이라는 데 이견이 있을 수 없다.

사족 같아 망설여지지만 한마디 덧붙이면, SE의 선단확장 이엑스티파일은 한국표준협회의 LOHAS(Lifestyles Of Health And Sustainability) 인증을 받았다. 로하스는 소비자 입장에서는 신체적 정신적인 건강은 물론 환경, 사회정의 및 지속가능한 소비에 높은 가치를 두는 라이프 스타일이다. 개인중심의 웰빙을 넘어서 이웃의 안녕, 나아가 후세에 물려줄 소비 기반까지 생각하는 친환경적인 소비를 지향한다. 생산자 입장에서는 품질 향상, 소비자 충성도 향상, 매출 증가, 우수 인재 유치 등 경제적 효과를 창출하여 지속 가능한 기업이 되는 것이다. 이는 환경, 사회 친화적인 기업으로 소비자, 지역사회 등 이해관계자들과 신뢰관계를 구축하는 것에서 비롯된다.[30]

파일 시공에 있어서 또 한 가지 간과할 수 없는 문제가 소음이다. 파일을 땅속에 관입하는 데는 크게 두 가지 공법이 있는데, 하나는 매입공법이고 다른 하나는 직타공법이다. 아마 예전에 항타기가 파일을 때려 박는 굉음을 들어본 적이 있을 것이다. 공사현장에서 수 킬로미터 떨어진 곳에서 들어도 그 울림을 느낄 수 있을 정도로 대단하다. 지금은 민원인들의 거센 항의 때문에라도 도심에 인접한 현장에서는 파일을 직접 타격하여 관입하는 직타공법을 쓸 수가 없다. 아직도 직

타공법이 드물게 사용되지만 직타공법이 한창 유행일 때였다면 선단확장 이엑스티보강판은 오늘날처럼 쓰이지 못했을 것이다. 왜냐하면 직타를 할 때에는 선단확장 이엑스티보강판이 거추장스럽기 때문이다.

두께 및 강도조절이 가능한 고하중 직타형(HD) 파일

지금도 직타공법을 사용할 수만 있다면 매입공법보다 비용을 적잖이 절감할 수 있다. 그래서 SE는 이 직타방식을 완전히 버리지 않았다. 파일의 관입성을 향상시켜 시간을 절약할 수 있는 확장이 되지 않은 고하중 직타(HD)공법을 개발해 보유하고 있다. 이 신공법은 시공해야 할 파일의 개수를 감소시키는 효과를 지니고 있다.

역사(力士)의
괴력 같은 PF공법

바인더스(bindearth)는 차수성(遮水性)이 아주 강하고 흙과 결합력이 대단히 좋은 물질이다. 고화제로 상품성이 있겠다 싶어 개발했지만 막상 마케팅 방법은 언뜻 떠오르지 않았다. '제품의 서비스화'를 이루면 공법개발에 다시 적잖은 시간이 소요되겠지만 신공법을 개발하기만 한다면 판매는 한층 수월해질 것 같았다. 또한 SE 비즈니스 모델의 확장과 완성도도 어느 정도 실현할 수 있겠다 싶었다. SE의 의사결정은 즉각적인 行이었고 SE 기술연구소는 이 行을 곧바로 실행에 옮겼다. 이 행의 결과물이 바로 PF(Point Foundation)공법이다. 지표면이 갖는 기본적인 힘인 지내력에 말뚝 개념을 접목시켜 지지력을 보강했다. 또 하나, 흙과 바인더스를 공사현장에서 바로 섞어 편의성을 극대화했다. 이것은 SE 기술연구소가 내놓은 자유로운 발상의 결정체라 할 수 있다.

상부층
(N 5~15)
연약층

하부층
(N 20~30)
균등한 지지력
지지층

암반층

D 1.0 ~ 2.0m
1차 지지
2차 침하
D 0.3 ~ 1.0m

하중을 적정하게 분산시키는 PF(Point Foundation)공법

　이 PF공법으로 시공된 후의 모습을 측면에서 보면 깔때기 같은 모양을 하고 있다. 근육질 역사(力士)의 뒷모습 같은 완만한 역삼각형 모양이 하중을 분산시켜 놀라운 지지력을 발휘한다. 하늘을 받치고 있는 아틀라스가 연상되는 장면이다.

　하지만 PF공법의 가장 큰 특징은 깔때기의 아랫부분이다. 이 부분이 지내력에 침하력까지 제어할 수 있어 다른 공법과 차별화가 된다. 이 PF공법과 경쟁관계에 있는 비슷한 공법은 꽤 있는 편이다. 하지만 그림에서 확연히 드러나듯 차별화되는 요소는 또 있다. 군살을 뺀 듯 시멘트 사용량을 줄여 경제성을 극대화한다.

그런데 하늘 아래 새로운 것은 없다는 격언처럼 이 공법 또한 땅속 세계를 다스리는 유일한 공법은 아니다. DCM(Deep Cement Mix-ing)공법 등 PF공법의 먼 조상쯤에 해당하는 공법들이 있다.

어쨌든 SE는 PF공법의 특허등록을 위하여 전 세계에 있는 관련 특허를 거의 다 뒤졌다. 특허법인○○과 SE 합동으로 무려 18,000개 가까이 되는 특허들을 조사하고 검색했다. 시간이 꽤 걸렸고 비용도 수천만 원이 들었다. 앞으로 한층 치열해질 경쟁에서 업계의 기반을 확고하게 다지려는 의도가 있었던 것이다.

설계 · 시공 · 제조 · 장비 등을 망라한 특허 분석보고서

인구가 날로 늘고 도시화가 급속히 이루어지면서 토지에 대한 수요 역시 증가해 왔다. 동시에 구조물의 고층화와 지하화도 이루어졌다. 나아가 연약한 지반이 많은 해안도 이용해야 했다. 우리나라에도

인천, 광양, 당진, 부산 등에 수많은 매립지가 조성되었다. 매립지는 지반 자체가 약하기 때문에 기초공사가 필수이다. 하지만 도로, 주차장, 저층의 건축물에는 파일까지 쓸 필요가 없다. 저중량 구조물들에 파일은 과분하다 못해 오히려 낭비에 가깝다. 바인더스를 활용한 PF공법이면 충분하다.

SE가 진출할 지역
연약지반에 인구가 밀집된 이유는 물과 식량이 풍부하고 교통이 편리하여 사람이 살기 좋은 곳이기 때문이다

침하력 보강 부분의 깊이를 계산한 다음 굴착을 하고 흙과 시멘트와 바인더스를 잘 섞어주면 된다. 그 다음 소일시멘트(Soil Cement)가 굳을 때까지 기다리기만 하면 된다. PF공법은 당연히 파일을 시공하는 경우보다 소음과 진동이 적다.

바인더스는 시멘트의 대체재라고 생각하면 된다. 고기능성 친환경 시멘트라고 이해해도 좋다.

SE에서 개발한 PF 시공 장비로 헤드가 크다

　바인더스는 시멘트보다 흙과 잘 섞인다는 장점이 있다. 흙과 흙 사이에 돌멩이가 있다면 결집력이 별로이겠지만 흙과 흙 사이의 바인더스는 풀과 같은 역할을 한다. 시멘트로만 되어 있는 구조물보다 유연하면서 당연히 흙보다 훨씬 더 강력한 힘을 발휘한다. 바인더스 도로의 윗부분은 도로이므로 당연히 평평하다. 하지만 도로의 아래쪽은 마치 계란판처럼 올록볼록하게 되어 있다. 바인더스로 만든 도로와 시멘트나 콘크리트만으로 구성되어 있는 도로의 차이가 여기에서 비롯된다. 시멘트만으로 된 도로는 갈라지거나 유실될 수 있으며 지반이 꺼질 수도 있다. 하지만 바인더스로 만든 도로는 특별한 경우가 아니면 이러한 현상들이 발생하지 않는다. 게다가 바인더스로 형성한 도로는 원래 흙으로만 이루어진 도로처럼 친환경적이다.

　그런데 SE는 왜 바인더스로 도로를 만들 생각을 하게 됐을까. 아스팔트로 포장된 도로나 시멘트 도로는 강도가 높다. 그런데 우리 주변에는 이러한 고강도 도로가 굳이 필요치 않은 경우도 있다. 바인더스의 강도와 내구성이면 충분한 간이도로나 공간, 즉 램프나 주차장 등이 이에 해당한다. 또 시멘트는 입자가 아주 작기 때문에 흙과 흙 사이로 파고들어 수질오염을 일으키기 쉽다.

일반적인 토양의 PH는 7 내외로 중성인데, 시멘트계통 물질의 PH는 대략 12로 강알칼리이다. 바인더스 등 소일시멘트의 경우에는 PH가 10 안팎의 알칼리성을 띠다가 시간이 지나면서 조금씩 PH가 저하된다. 그리고 주변 토양의 PH에 끼치는 영향은 미비하여, 알칼리 확산에 의한 토양 오염은 거의 없다. 게다가 바인더스는 시멘트를 생산하는 경우보다 현저히 낮은, 절반 이하의 이산화탄소를 배출한다. 바인더스는 또한 시멘트보다 적은 양으로 땅을 굳건하게 만들 수 있다. 현장마다 다르지만 시멘트의 사용량을 30~40% 정도는 너끈히 줄일 수 있다. 두말할 필요 없이 공사비는 당연히 절약된다.

바인더스와 GCB에 들어가는 원재료는 같은 무기질 계통의 재료이지만 성분은 비슷하지 않다. 하지만 원재료 둘 다 유해물질 용출 시험을 거쳤다. 한국방재학회 등 외부 검증기관에서 안전성 검증을 받았고 GCB로 만든 어항 안에 물고기도 직접 키워 봤다. 어독(魚毒)실험의 일종인데 물고기는 오랫동안 건강하게 살았다.

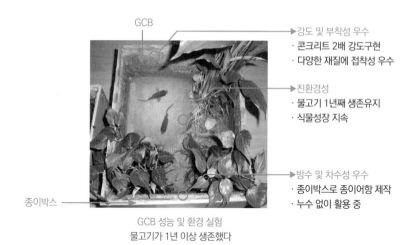

GCB

강도 및 부착성 우수
· 콘크리트 2배 강도구현
· 다양한 재질에 접착성 우수

친환경성
· 물고기 1년째 생존유지
· 식물성장 지속

방수 및 차수성 우수
· 종이박스로 종이어항 제작
· 누수 없이 활용 중

종이박스

GCB 성능 및 환경 실험
물고기가 1년 이상 생존했다

　원재료에 들어 있는 유해물질은 중금속성분인 6가크롬, 오직 단 하나였다. 그런데 이 한 개의 유해물질조차 기준치 이하로 극히 미량이 검출됐다. 바인더스와 GCB에 의해 발생할지도 모르는 환경오염은 무시해도 좋다고 단언한다.

　바인더스의 원재료는 쉽게 흩어지는 특성이 있어 시멘트에 비해 적은 양의 물을 섞어도 슬러리(Slurry)가 잘 된다. 다른 물질들, 특히 흙과 잘 섞인다는 말이다. 그리고 흙과 섞였을 때 동일한 성분 비율을 유지하면서 높은 강도를 발현하므로 단위면적당 사용량을 줄일 수 있다. 결과적으로 시공할 때에 지표면 밖으로 빼내야 하는 부상토의 양 또한 대폭 줄일 수 있다.

　이와 같은 다양한 장점에도 불구하고 바인더스의 2013년까지의 실적은 기대에 미치지 못했다. 하지만 차후에는 도로뿐만이 아니라 바인더스 기초 위에 주택이 건설될 것이다. 그리고 인공 저수지의 바닥은 물론 쓰레기매립장 시설, 정화시설 등도 바인더스로 조성될 것이다.

바인더스의 마케팅 전략 중 하나는 첨가형 바인더스를 만들어 제품의 부피와 무게를 줄이는 것이다. 지금은 부피가 크기 때문에 물류비가 많이 들지만, 첨가형 바인더스는 수출도 가능하다. 해외 현지에서 공사할 때 섞어서 사용하면 간편하기 때문이다.

맨땅도
SE가 파면 **돈이 된다**

SE의 창업 초기 3~4년도 다른 중소기업들의 초기 3~4년과 별반 다르지 않았다. 단칸 사무실에서 시작하여 그 이후 몇 년은 대다수의 벤처기업과 거의 동일한 이야기의 재탕일 뿐이다. 하지만 다른 창업자들의 마인드와는 사뭇 다른 데가 있어 보인다. 이제 경영자로서 10년 차에 접어든 송 대표도 창업에 대하여 그만의 심정을 토로한 적이 있었다.

"대다수 사람들이 창업이라는 일생일대의 도박과 같이 위험한 일을 너무 안일하게 생각합니다. 실패한 분들은 주변의 성공사례들만 보았을 것입니다. 실패를 먼저 들여다봐야 합니다. 그가, 그 회사가 왜 실패했는지 반드시 분석해 봐야 합니다. 가장 큰 실패 이유는 자본적 관점에서 봤을 때 임대료와 빚에 대한 이자인 것 같습니다. 임대료

등으로 사업밑천 다 까먹고 한 2년 동안 이자 내느라 SE도 문을 닫을 뻔 했습니다. 3년 차에는 원금 상환에 대한 압박까지 있었으니 창업 시에 이윤이 더 남는 구조를 강구해야 합니다.

그리고 창업은 취업의 대체수단이 아닙니다. 수많은 구직자가 '신의 직장'이라고 불리는 곳에 취업하지 못한 까닭은 무엇입니까. 경쟁률도 높고, 적성에 맞지 않고, 이런저런 이유가 있을 것입니다. SE가 중견기업, 대기업으로 쑥쑥 성장하지 못하고 중소기업에 머무르는 데에도 다 이유가 있습니다.

그런데 어느 누가 취업 대신 창업을 선택한다면? 사업을 한다 해도 성공한다는 보장은 그 어디에도 없습니다. 취업이 되지 않는다고 무작정 창업하면 백이면 아흔은 실패할 것입니다. 열은 성공할 수도 있지만 그 성공도 긴장을 늦추는 어느 순간 거기까지일 것입니다. 성공을 이끌었던 운은 오래 지속되기 힘듭니다. 행운이라는 것은 준비되지 않은 사람을 언젠가는 외면하기 마련입니다.

작은 시련은 시도 때도 없이 찾아옵니다. 새롭게 일어서야겠다는 각오를 수차례 반복해야 할 정도로 말입니다. 조급한 마음을 버려야 합니다. 가끔은 나 자신을 버릴 수도 있어야 합니다. 나에게 맞는 일, 내가 좋아하는 일, 내가 잘할 수 있는 일을 선택하는 것도 중요합니다. 사업은 그럴듯해 보이고 장사는 창피한 일입니까. 결코 아닙니다. 장사와 사업은 본질적으로 같은 것입니다. 체면, 겉치레를 벗어 던져야 합니다. 배워야 할 것은 배우고 시작해야 실패의 가능성을 줄일 수 있습니다.

창업을 하고 나서, 돈 벌기는 어렵고 창업자금은 날리기 쉽다는 걸 안다면 이미 늦은 것입니다. 바닥에서부터 창업과 관련된 일을 적어도 한번쯤은 경험해 봐야 합니다. 돈은 결과물일 따름입니다. 돈은 쓰려고 마음만 먹으면 얼마든지 쓸 수 있습니다. 흔히 하는 말로 돈은 없어서 못 쓰는 것이지 있다면 누군들 왜 못 쓰겠습니까.

인적 자원과 물적 자원이 풍부한 대기업은 창업부터가 중소기업과 다릅니다. 대기업과 달리 중소기업 중에는 더러 '생계형 창업' '생계형 CEO'도 있습니다. 아니, 중소기업은 아예 비교의 대상 자체가 되지 못합니다. 그래서 주제넘지 않게 SE의 목표는 글로벌기업이 아닙니다. 당장은 빚 없는 중견기업이 바로 SE의 현실에 딱 맞는 목표라고 봅니다. 무차입 경영, 그 다음 단계의 목표는 생각해 두지 않았습니다. 향후 2~3년도 내다볼 수 없는 건설업계에서 고차원적이면서 장기적인 계획은 시간을 허비하는 일이기 때문입니다."

창업의 성공여부를 결정짓는 주된 변수 중의 하나가 타이밍인데 SE는 시운(時運)이 있었다. SE 설립 원년인 2004년은 이른바 '카드사태'의 후유증이 가시지 않았던 때였다. 소비가 급격히 줄어들면서 기업들의 수익성은 점점 악화되어 갔다. 당연히 부동산경기도 좋지 않았다. 1997년 외환위기의 악몽을 떠올린 기업들은 다시 허리띠를 조여 매고 여력이 되는 업체들도 돈 보따리를 풀지 않았다. 비용을 한 푼이라도 더 절감하려고 너도나도 두 눈을 크게 뜨고 두 팔을 걷어붙였다. 이렇듯 불황이었던 여건이 SE에는 기회가 되었으니 아이러니하다고 할 수밖에 없다.

신단확장 이엑스티파일을 사용하면 꽤나 큰 비용, 대략 20~30%의 비용을 절감할 수 있다는 SE의 설득에 건설사들이 귀를 기울이기 시작한 것이다. 하지만 조직 규모가 큰 건설사들은 의사결정을 하는데 복잡한 절차를 거쳐야만 했다. 건설사들은 이미 기존의 거래처가 있었고 SE의 공법을 적용하는 것은 새로운 일이었다. 관행을 잘 바꾸지 않는 건설사들은 이를 번거롭게 여겼다. 그리고 예나 지금이나 직원들은 자기의 담당 업무가 많아지는 것을 달가워하지 않고 새로운 일을 스스로 나서서 적극적으로 하려고 하지 않는다. 이런저런 이유로 상당한 시간이 걸렸는데 이 기간에 SE는 다른 건설사를 찾아가 문이 열릴 때까지 두드려야 했다.

그러던 중 드디어 2005년 어렵사리 문 하나가 열렸다. 경기도 화성과 동탄의 신도시 현장에 선단확장 이엑스티파일이 2,000개 이상 대규모로 투입된 것이다. 두산건설 시공 현장이었는데 결코 적지 않은 비용을 절감한 두산건설은 선단확장 이엑스티파일에 흡족해 했다. 이를 계기로 SE는 한 단계 더 성장할 수 있는 동력을 얻었다.

창업을 꿈꾸는 이들에게 유익한 내용이 될 것이라고 믿고 몇 마디 더 한다. 예비 창업자는 업계의 관행에 대해서 미리 꼼꼼히 살펴봐야 한다. 예를 들면, 대기업이 지급해준 어음은 자금 여유가 없는 중소기업들에는 치명적인 독이 될 수 있다. 어음을 할인하여 속칭 깡을 해서 현금화시키려면 선이자를 떼어주어야 한다. 2014년 1월 현재는 금리가 비교적 낮은 편이지만 쌓이고 쌓이면 결코 무시할 수 없는 돈이 된다. 설상가상 어음이 부도가 나면 일 년 동안 한 푼 두 푼 벌었던 돈을 다 날리고 큰 금액의 부도를 맞으면 회사가 망해 버린다. 그런데 기초지반을 다지는 일은 토목 과정에서도 초기의 일에 속한다. 시행사나 시공사들이 적어도 자금 부족은 겪지 않을 시기이다. 그래서 SE가 받은 어음은 부도가 날 확률이 낮은 편이어서 그나마 위안거리였다.

예비 창업자를 비롯한 우리 모두의 앞에는 분명히 다양한 선택의 길이 있다. 하지만 처해 있는 각자의 상황 또한 다양하기 그지없다. 대기업은 신규 사업에 진출했다 실패하면 접고 철수하면 그만이지만 중소기업은 큰 타격을 받기 십상이고 자칫하면 망한다. 그래서 대기업만한 여력이 없는 중소기업은 선택과 집중이 필수다.

예비 창업자는 해당 분야에서 넥 포인트(Neck Point)를 무조건 잡아야 한다. 건설업계를 살펴보면, 전국적으로 대략 15,000개의 설계회사가 있고 300여 개의 구조설계회사가 있으며, 자잘한 회사들까지 합하면 몇 만 개나 되는 시공회사가 있다. 그렇다면 예비 창업자는 어느 분야에서 어떻게 창업하여 무슨 일을 할 것인가, 충분히 고민하고 또 심사숙고해야 할 것이다.

비즈니스를 단순화시키면 계약이고, 비즈니스 모델은 돈을 받는 구조이다. 비즈니스를 하려는 이는 이 모델을 구상하고 모델대로 그림을 그려가야 한다. 창업자가 더 해야 할 일은 이 그림에서 리스크를 지워가는 것이다. 창업한 후 2, 3년 동안은 모두 열심히 일한다. 속도와 혁신이 필요 없을 정도로 말이다. 창업 초기에 열심히 일하지 않는 사람이 어디에 있겠는가. 중요한 것은 나만의 혁신적인 비즈니스 모델을 세우는 것이다. 모델을 제대로 정립하지 못한다면 십중팔구 실패할 것이 틀림없다. 운이나 노력이 부족해서가 아니라 비즈니스 모델을 제대로 고안해내지 못했기 때문에 고배를 마신 것이다.

송 대표는 여러 갈래의 길 중에 하나의 길을 선택했고 그 길에 집중했다. 그리고 그 길을 바꾸지 않았다. 사실 바꾸지 못했는지도 모른다. 그가 조금이라도 더 알고 남보다 조금이라도 더 잘할 수 있다고 믿은 것이 맨 처음에 선단확장 이엑스티보강판, 그 외길밖에 없었을 테니까.

이제 선단확장 이엑스티파일은 비교적 평탄한 큰 길로 접어들었지만 소구경강관파일, 지오세라믹바인더, PF공법 등은 아직 그 끝이 보이지도 않는 가파른 길이다. 이 길을 지나고 나면 SE 앞에 다시 미완의 새로운 길이 나타날 것이다.

세상에는 기다려야 하는 일이 있는 반면 서둘러야 하는 일도 있다. 때가 오기를 기다려야 하는 일 중의 하나가 창업이다. 미국과 달리 우리나라에서는 창업했다 실패하면 재도전의 기회가 없다고 봐도 무방하다. 창업을 서둘러서는 안 되는 이유 중의 하나이다. 그런데 이 책의 다른 곳에서는 속도의 중요성을 여러 번 강조했다. 즉, 때로는 속도에 대한 관점이 정반대로 달라지기도 한다는 말이다. 그래서 기업 경영이 어려운 것이다. 하여간 얼핏 보면 모순인 듯 싶지만 창업한 후에 스피드를 내야 할 타이밍에는 내야 한다. 진정 서둘러야 하는 일은 무리하다 싶을 정도로 서둘러서 남들보다 반드시 앞서야만 한다. 딱 한 발일지언정.

이는 시장 선점효과 때문이기도 하다. 마케팅의 필독서가 된 알 리스(Al Ries)와 잭 트라우트(Jack Trout)의 『마케팅 불변의 법칙』의 1장에서 4장까지가 시장 선점에 해당하는 내용인 것만 봐도 그 중요성을 가히 짐작할 수 있다.[31] 그런데 단지 마케팅뿐이겠는가. 중소기업은 스피드 있게 행해야 할 일이 하나 둘이 아니다.

지극히 현실적인 사업계획서의 모범답안, 천하삼분지계(天下三分之計)

유비는 삼고초려 끝에 얻은 제갈량으로부터 자신이 가야 할 길을 찾을 수 있었다. 제갈량은 유비에게 다음과 같이 제안했다.

"지금 조조는 백만의 무리를 거느리고 천자를 낀 채 여러 제후에게 호령을 하고 있습니다. 손권은 강동에 거점을 마련한 지 이미 3대가 되었습니다. 그런데 장군은 단지 형주와 익주만을 취할 수 있습니다. 서쪽의 오랑캐와 화친하고 남쪽의 월족과는 우호관계를 이루고, 동쪽으로는 손권과 동맹을 맺으십시오. 그러다 어떤 변동이 생기면, 형주 병사들은 북으로 향하게 하고 장군은 익주의 군사들을 이끌고 북으로 나서면 됩니다. 정말 이렇게 된다면 장군은 대업을 이룰 것입니다."

천하삼분지계는 힘이 가장 약한, 아니 힘이 있다고 볼 수조차 없는 유비가 천하를 위, 오, 촉 셋으로 나눠 반세기 동안 버틸 수 있는 묘책이었다. 물론 운도 따라주었다.

적벽대전에서 조조의 패배는 군소업체에 불과한 유비를 단숨에 업계 3위로 끌어올리는 계기가 되어 주었다. 사업계획서도 이와 다르지 않다. 어느 시장이든지 업계의 1, 2위를 다투는 큰 회사들이 있고, 그 밑으로 2등 전략을 구사하는 중견급 회사도 있을 것이다. 그 아래에 또 수많은 군소 업체가 존재할 것이다.

그런데 천하삼분지계는 제갈공명의 순수한 창작품이 아니었다. 유방과 항우의 초한지에 나오는 괴통이라는 인물이 바로 이 천하삼분지계의 원조이다.

유방과의 전투에서 패한 항우는 유세객을 보내 제나라를 다스리고 있던 한신을 설득하려 했다.

"유방은 믿을 수 없는 사람이니 그를 돕지 말고 제나라를 기반으로 독립하는 게 낫다"는 내용이었다. 이때 한신은 휘하에 있던 괴통에게 의견을 물었다.

"한의 유방, 초의 항우, 장군, 이 세 사람이 정[32]처럼 웅거하면 어느 편에서도 먼저 움직이지 못할 것입니다. 저는 천하를 셋으로 나누는 것이 가장 좋은 방법이라고 생각합니다."

하지만 한신은 괴통의 말을 듣지 않고, 고릉전투에서 패한 이후 열세에 놓여 있던 유방을 도와 항우를 괴멸시켜버렸다. 여기까지는 좋았다. 한신은 이 이후에 벌어질 일들에 대해서 대책을 갖고 있지 않았다. 그가 원한 것은 한나라의 여러 제후국 중 한 국가의 왕위 정도였을 뿐이다. 그러나 당시의 세상은 한신의 소박한(?) 소망을 들어주지 않았다. 용병술의 천재인 그를 왕의 자리에 그대로 머물러 있게 하는 것은 위험 부담이 너무 컸다. 유방보다는 오히려 그의 신하들이 한신을 더 두려워했다. 결국 유방은 탁월한 군사적 재능을 지닌 한신의 병권을 회수하고 왕에서 제후로 강등시켰다. 한고조 유방은 그 정도의 처분에 만족했으나 다른 신하들과 여태후는 그 정도로는 안심하지 못했다. 결국 그들은 한신을 죽이고 말았다.

죽음을 맞이한 한신은 괴통의 계책을 쓰지 않은 것을 후회했다.

반면 유비는 제갈공명의 의견을 받아들여 촉나라를 세우고 위나라, 오나라와 함께 한동안 천하를 삼분했다.[33]

누가 뭐라 하든, 대다수 중소기업의 사례처럼 SE의 원동력은 대표이사 송기용이다. 그는 현대산업개발 시절 건축구조 업무를 담당하는 중에 홀로 수십 권의 책을 독파했다. 석사학위가 있는 선배 직원들에 비해 대학만 졸업한 그는 속칭 '가방끈이 짧은' 직원이었다. 대학교에서 다 배우지 못한 토목 지식을 책을 읽으며 쌓아나갈 수밖에 없었다. 그리고 IMF 외환위기 때 모두 꺼려 하는 현장 발령을 자원해 소중한 현장경험을 얻었다. 설계와 현장의 괴리를 깨우친 그는 그 경험을 토대로 신개념 파일 아이디어의 사업계획서를 작성해 나갔다.

제갈량의 천하삼분지계는 감히 비교조차 할 수 없겠지만, 그의 사업계획에도 나름대로 전략이 있었다. 거대한 건설회사들과 막강한 파일업체들 틈바구니에서 생존 방법은 제품의 서비스화, 즉 컨설팅이었다. 회사가 휘청거렸던 시기도 두 차례 있었으나 SE가 겪어온 지난 10년은 생존을 향한 기나긴 길이었다. 파일리더 시연식 대표의 표현을 빌자면, 한때 업계에서 이단아 취급까지 받은 SE가 구성원들에게는 포기하지 않는 '희망의 아이콘'이었던 것이다.

5

[行과 문화]

천 길 물속은 알아도
땅속은 모른다

「철의 여인, The Iron Lady」

메릴 스트립 주연의 영화 '철의 여인' (The Iron Lady)에는 다음과 같은 대사가 나온다.
"생각을 조심해라, 말이 된다. 말을 조심해라, 행동이 된다.
행동을 조심해라, 습관이 된다. 습관을 조심해라, 성격이 된다. 성격을 조심해라,
운명이 된다. 우리는 생각하는 대로 된다."

천 길 물속은 알아도
땅속은 모른다

2010년 경북 포항시의 아파트 건설 현장에서 SE에 전화가 걸려 왔다. 다급한 듯 신경질적인 말투에 고압적인 목소리였다.

"선단확장파일의 지지력이 50% 밖에 안 나오는데 이게 어떻게 된 일입니까?"

기가 막힐 노릇이었다. SE가 선단확장 이엑스티파일을 납품한 현장이 아니었다. 보나마나 유사업체의 소행이었다. 상황에 대한 이해도 구할 겸 컨설팅을 해주려 SE의 직원이 부리나케 현장으로 달려 갔다. 현장 분위기는 험악할 수밖에 없었다. 지지력이 나오지 않으면 추가로 파일을 시공해야 했고 그렇게 되면 공사기일이 일주일 이상 늦어질 수밖에 없었다. 대책회의를 하고 있던 현장 관계자들 앞에서 SE 직원이 컨설팅을 시작했다. 미리 준비해 간 유리병에 이암(泥岩)을 넣은 다음 물을 부어놓고서.

"저희 SE의 선단확장 이엑스티파일이 아닙니다. 며칠 전에 시공됐다는 파일은 저희 제품을 모방한 유사제품이 틀림없습니다."

현장관계자들은 파일을 납품한 업체로부터 진위 여부를 확인하느라 한바탕 난리를 쳤다.

"지지력이 반 토막이 난 건 바로 이 이암[34]의 유별난 특성 때문입니다."

컨설팅이 끝나고 SE의 직원은 건설현장 관계자들에게 이암이 들어 있는 유리병을 보여주었다. 현장 관계자들은 딱딱해 보이던 이암이 흐물흐물해진 것을 눈으로 직접 목격할 수 있었다.

"파일을 더 깊은 곳에 안착시켜야 했습니다."

설명을 들은 사람들은 납득했다는 듯 모두 고개를 끄덕였다.

당시 SE가 제시한 대책은 이암층 위에 파일을 거치시키는 게 아니라 이암층 안으로 3~5m를 더 파고들어가는 것이었다. 그 다음 페이스트(반죽)를 70% 이상의 농도로 하여 주면마찰력을 다른 현장에서 시공할 때의 수준보다 더 높였다. 동시에 이암의 풍화를 방지하도록 조치했다. 참고로 지지기반의 조건에 따라 다르지만 통상적인 경우에는 선단지지력을 80% 정도, 주면마찰력을 20% 정도로 유지하여 시공하는 것이 일반적이다.

토목에는 '땅은 모른다'는 말이 있다. 땅을 직접 파보기 전에는 그 속을 알기 어렵다는 뜻이다. 심지어 공사하는 도중에도 토질이 달라진다고 하니, 사람의 마음처럼 변화무쌍하다고 하기도 하고, 여심(女心)같이 파악하기 어렵다고도 한다. 지역마다 토질이 제각각이고 수맥이 지날 수도 있다. 또 흙이 물을 머금게 되면 전혀 딴판으로 변하기도 한다. 포스코가 자리한 포항시에는 이암이 널리 분포되어 있는데, 이 이암은 수분과 결합하면 기포가 생기면서 작은 충격에도 흙처럼 부서져 버리는 특징이 있다. 그래서 파일을 제대로 안착시켰다 싶었는데 일주일 후에 지지력을 재측정하면 지지력이 반 토막으로 떨어져버리는 황당한 경우가 비일비재하다.

흙 속으로 공기가 들어가면 흙은 또 달라진다. 센 바람을 맞으면 흙이 풀어지는데, 굴착할 때 강한 에어를 분사하는 이유가 바로 이 때문이다. 석회가 풍부한 강원도 땅에는 공동구가 많고 부산시 명지지구는 점토질과 단단한 사질이 혼재되어 있다. HD파일의 출현 배경이기도 하다. 또한, 풍화토를 풍화암이라고 착각하거나 혼동하기 쉬운데, 지질이 이렇듯 변화무쌍한 곳의 파일 시공에는 세심한 주의가 필요하다.

선단확장 이엑스티파일의 가치랄까, 의의랄까, 뭐 그런 게 있다면 무엇이 있을까. 선단확장 이엑스티파일은 우리나라의 기초설계 능력을 향상시킨 일등공신이라 할 수 있다. 굳이 수치로 환산해 보면 적어도 20%쯤은 향상되었지 않나, 즐거운 상상을 해 본다. 2005년까지는, 즉 SE가 본격적으로 영업을 하기 전에는 파일의 설계 지지력을 꽁

장히 낮게 잡고 있었다. 그러던 중 선단확장 이엑스티파일을 알게 된 설계사들부터 차츰 설계 지지력을 꼼꼼히 따지게 되었다. 여기에는 설계사들의 의식 전환도 한몫 했는데, 기초 설계능력의 발전으로 이어졌다고 믿어 의심치 않는다. 나아가 선단확장 이엑스티파일은 시공사들의 원가 절감에 어마어마한 기여를 했다고 나름 자부한다.

과거 파일의 존재 가치는 참으로 미미했다. 하지만 보잘것없이 작은 회사였던 SE의 등장으로 파일제조사들은 파일이라는 물체를 새로이 인식하게 되었다. 또 SE가 가진 특허제품인 보강판을 주목했다. 그래서 파일의 성능을 높이는 다른 방안으로 초고강도파일, 대구경파일 등이 대두되었다. SE에는 위협으로 다가왔지만 한편으로는 엄청난 자극이 되었다. 타 업체와의 경쟁에서 살아남기 위해 더욱 더 분발하게 되었으니 긍정적인 측면도 있었다. 이렇듯 경쟁을 통한 발전으로 고성능, 고부가가치 파일의 전성시대가 머지않아 열릴 것이다.

선단확장 이엑스티파일이 일반 파일보다 지지력이 우수하다고 하여 무조건, 또 저절로 지지력이 잘 나오는 것은 아니다. 땅속을 알고 파일을 제대로 시공해야 지지력이 제대로 나온다. SE가 행하는 컨설팅을 달리 표현하면, 컨설팅은 도면에 기재된 설계 지지력을 시공현장의 땅속에서 확보해 주는 일이다. 과거 타성에 젖은 채 땅속에 때려 박기만 하던 파일을 기술컨설팅의 영역으로 끌어올린 공 또한 SE에게 있다고 생각한다.

한 가지 더 덧붙인다면, SE의 현장 지반에 대한 분석은 서비스 개념이다. 이 토질 분석을 근거로 SE는 시공사에 VE방안, 즉 원가를 절감할 수 있는 최적의 답을 찾아주고 수수료를 받는다.

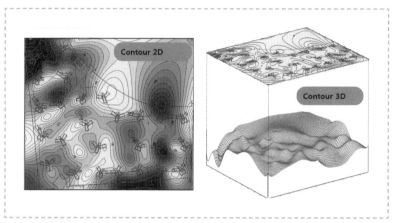

SE에서 무료로 제공하는 지반 분석 DATA

대한민국 경제에서 건설업이 차지하는 비중은 꽤 큰 편이다. 다른 나라들과 비교했을 때에도 비중이 높다. 그러나 건설업이 GNP에서 차지하는 비중은 조금씩 줄어들 것으로 예상하고 있다. 건설시장의 축소는 불가피한 측면이 있다. 일본의 경우를 보면, 전국토가 마치 공원인 것처럼 깔끔하게 정비되어 있다. 농촌지역의 도로도 구석구석까지 잘 정비되어 있고, 섬과 섬들을 연결하는 사업을 대대적으로 추진하기도 했다. 일본열도에서는 더 이상 공사를 벌일 곳이 없다는 말까지 나오는 지경이다. 우리나라도 앞으로 대규모 토목사업은 점점 줄어들 것이다.

파일
춘추전국

앞서 언급했듯이, PHC파일(Pretensioned spun High strength Concrete Pile)은 전봇대처럼 생긴 콘크리트 덩어리이다. 이 파일은 한국, 일본, 동남아 국가들이 주로 사용하고, 미국 등 영토가 넓은 나라들은 땅을 판 후 콘크리트를 직접 타설한다. 파일공장에서 제작과정을 거친 파일을 멀리 떨어진 공사현장으로 운반하려면 물류비가 많이 들기 때문이다. 콘크리트파일 대신에 강관을 쓰는 경우도 있는데, 두 배 이상 비싸고 녹이 슨다는 단점이 있다. 참고로 철의 왕국 포스코와 관련된 공사현장에서도 철로 만든 강관 대신 콘크리트로 된 SE 선단확장 이엑스티파일을 쓴 적이 있다. 강관은 수평 방향으로 작용하는 지진 등 수평력에는 강하다.

지반을 다지는 일은 꼭 해야만 하는 일이니까, 가까운 장래에 파일에 대한 수요가 급감하는 사태는 없을 것이다. 그리고 파일을 땅속에 집어넣는 일 또한 지극히 단순해 보인다. 이렇듯 말로는 쉬운데 사실 보강판의 사업화 과정은 쉽지만은 않은 길이었다. 처음에는 선단확장 이엑스티보강판을 부착한 파일을 시험적으로 시공해 볼 수 있는 현장을 물색하는 일조차 쉽지 않았다.

거절의 핑계는 부지기수였는데, 바쁘니까 딴 데 가서 알아보라는 얘기가 가장 많았다. 현장에서 시간은 돈이나 마찬가지이다. 어쩔 수 없이 송 대표는 전 직장동료를 찾아갔다. 처량해 보일 수밖에 없는 그를 위해 직장동료들이 이곳저곳 수소문해 주었다. 마침내 희소식이 들려 왔다. 현대산업개발에서 공사 중이던 용인시 수지 8차아파트 현장에서 근무하던 옛 상사가 선단확장 이엑스티파일에 기회를 주겠다는 것이었다. SE는 인맥이라는 고전적인 수법으로 선단확장 이엑스티파일을 납품한 게 아니었다. 이 상사는 단지 시험시공만을 허락해 주었을 뿐이다. 기초지반 공사는 시공 실적을 부풀리거나 뻥튀기하기 일쑤인 여타 공정들과는 한참 달랐다. 지반을 다진 후 그 터에 들어설 건물의 안전이 그 무엇보다 최우선이었다. 지지력이 나오지 않는다면 그 누구도 보강판을 거들떠보지 않으리라는 것은, 장담하건대 100% 기정사실이었다.

2005년 그 어느 날, 송 대표와 일행은 보강판을 싣고 경기도 용인시 현장으로 달려갔다. 현장에서 보강판을 파일에 용접한 다음 흙을 굴착해 직경 555mm의 구멍을 냈다. 첫 선단확장 이엑스티파일이 땅속을 향해 서서히 내려가더니 마침내 무난히 안착되었다. 이어 동재하시험으로 선단 지지력을 측정했다. 긴장할 수밖에 없었는데, 90MPa,

100MPa, 110MPa 수치가 보여주듯 결과는 대성공이었다. 단 한 차례의 시공이었는데도 불구하고 기대한 목표치가 바로 나왔다. 하지만 끝은 여기가 아니었다. 통상 일주일 후쯤, 파일 측면에 주입한 시멘트가 굳은 후에 반드시 다시 한 번 지지력을 측정해야만 한다.

일주일 후 시험 당일, 파일 위에 실제로 묵직한 무게의 실물을 올려놓은 다음 측정하는 정재하시험의 결과도 성공이었다. 동재하시험과 마찬가지로 끝은 여기가 아니었다. 겨우 시험시공을 무사히 마쳤을 뿐이었다.

이 시험시공 결과를 갖고 본격적으로 영업에 나섰다. 하지만 보수적인 건설업계의 관행을 뚫는 일은 철벽을 뚫는 것처럼 어려운 일이었다. 지반에 관입하는 파일의 개수가 대폭 줄어드니 기초설계부터 다시 해야 했다. 게다가 사업 초기에는 현장에서 PHC파일에 선단확장 이엑스티보강판을 직접 용접해야 했다. 파일의 무게는 대략 3t 내외로 운반이나 움직이는 것이 쉽지 않아 용접은 결코 만만한 일이 아니었다. 이런저런 시행착오 끝에 롤러를 부착한 기기로 파일을 돌리면서 용접하는 방법을 고안해냈다. 이 최적화된 용접 방법을 찾느라 셀 수 없이 많은 시행착오를 거쳐야만 했다. 파일을 회전시키기 위한 롤러 100여 개를 제작해 현장에 투입했는데 몇몇 롤러는 아직도 현장에서 사용되고 있다.

그런데 지지력 여부를 떠나 현장에서 용접을 해야 하는 방식에는 몇 가지 문제가 있었다. 그 중 하나가 안전사고에 대한 우려였다. 안전사고의 위험이 없는 현장은 없다. 심지어 항타기가 무너지는 최악의 사태가 발생하기도 했다. 또한, 용접기술자의 수급 차질 등으로 예상했던 것보다 공정이 늦어질 가능성도 있었다. 추가 인건비 지급은 둘째 치고 공정이 늦춰지면 선단확장 이엑스티파일의 비용 절감액도 추정치보다 미약할 수밖에 없었다.

지금 다시 한 번 돌이켜보아도, 파일에 보강판을 부착한 채 공장에서 제작되어 나오는 게 맞는 방법, 옳은 길이었다. 항타사들과 수년간의 우여곡절, 파일제조사들과 갈등 끝에 SE는 2010년이 되어서야 아이에스동서, 아주산업, 삼부건설공업, 동양파일 등 파일 제작업체들에 선단확장 이엑스티파일 생산을 위탁할 수 있었다.

프레젠테이션 자료, 즉 보강판을 부착한 선단확장 이엑스티파일을 본뜬 모형, 동영상, 기술서적 5권을 들고 부지런히 영업을 하러 돌아다녔다. 하루에 두세 군데씩 900회 이상의 프레젠테이션을 정말 미친 듯이 해댔다. 파일 영업을 하러 가던 중 전화 한 통이 왔는데, 느낌이 있었다. 드디어 그토록 고대하던 의뢰가 한 건 들어온 것이다. 모 건설회사의 동탄 신도시 현장이었다. SE 사람들 모두 다 만세를 불렀다. 떨리는 마음으로 장비들을 챙겨서 현장으로 달려갔다. 파일을 안착시키고 지지력에 대한 시험을 했다. 2m 정도의 높이에서 망치로 파일의 상단을 내려쳤다. 그런데 놀라운 일이 발생했다. 단번에 100t이 나온 것이었다. 모두 깜짝 놀라 눈이 휘둥그레졌다. 목표치가 100t이었는데, SE 사람들은 환호성을 질렀고 건설사에서 파견 나온

직원들은 탄성을 질렀다. 회사로 돌아가는 내내 발주에 대한 기대로 부푼 마음이었다.

그런데 며칠 후 건설회사에서 전화가 왔다. 최종 결과가 60t밖에 안 나왔으니 현장에 있는 장비들을 다 철수시키라는 내용이었다. 나중에 영문을 알고 보니 측정을 맡은 ○○업체 직원의 실수가 있었다. 파일의 질량을 과다 계상해 지지력을 측정했던 것이다. 억울하다고 항변을 했지만 소용없었다. SE 사람들 모두 실망이 이만저만이 아니었다. 낙담한 송 대표는 현장에 놓아둔 장비를 실으러 차를 끌고 갔다. 당시에 업무용 차량으로 무쏘 스포츠를 사용하고 있었는데, 뒤쪽 짐칸에 장비를 잔뜩 실었더니 차 앞부분이 붕 떠버렸다. 만화에서나 나올 법한 우스꽝스러운 광경에 더욱 비참한 심경이 되었다. 그동안 고생했던 순간들이 머릿속에 한꺼번에 밀어닥쳤다. 피우지도 않는 담배가 생각나는 씁쓸한 심정이었다.

사업 초기 SE가 파일업체들에 위탁생산을 요청했을 때 돌아온 것은 냉대뿐이었다. 특히 항타사들과 군소 파일업체들의 반발은 대단했다. 비용 절감이라는 방향은 옳았지만 파일의 수요가 줄어들 게 불보듯 뻔했기 때문이다. 당시에는 파일시장 자체의 축소가 불가피해 보이는 상황이었다. 만약 시장이 축소된다면 과도한 경쟁이 발생하기 마련이었다. 현실적으로는 어느 순간 몇몇 항타사들이 도산의 위기를 맞을 가능성도 전혀 배제할 수 없었다. SE의 선단확장 이엑스티 파일에 대해 항타를 거부하자는 연판장이 두 번이나 돌았다.

항타사들보다는 덜했지만 파일제조사들의 반발도 쉽게 수그러들지 않았다. 그만큼 OEM방식의 선단확장 이엑스티파일 생산은 풀기 어려운 난제였고 돌파구는 쉽게 보이지 않았다. 그런데 파일시장에 변화의 물결이 조금씩 일어나고 있었다. 그 미묘한 변화의 중심에는 대기업 계열사와 중소기업의 시각차가 있었고 경쟁 또한 존재하고 있었다. 어느 날 모 대기업에서 파일제조업에 본격적으로 참여할 것이라는 소문이 돌아 파일시장이 크게 요동을 쳤다. 얼마 후 모 건설회사가 ○○업체, ○○산업 등과 제휴해 신제품을 시장에 내놓았다. 그 건설회사의 주택사업본부가 VE(Value Engineering) 차원에서 파일 사업에 손을 댄 것이다.

하지만 여타 대형 파일업체들은 경쟁에서 우위를 점하려고, 군소 파일업체들은 살아 남으려고 이미 그들 나름대로 최선의 노력을 다하고 있었다. 모 파일제조업체는 현장에서 널리 통용되고 있는 500~600mm보다 큰 700~800mm 대구경(大口徑) 파일을 준비하고 있었고, 파일업계의 강자인 D사는 PHC, 선단확장 이엑스티파일, 대구경 파일 모두를 생산하겠다는 전략을 가지고 있었다. SE보다 잘 나가는 업체들에 대해 왈가왈부할 처지가 아니지만 대구경 파일의 적시성은 조금 의문스러웠다. 초고강도파일에 SE의 선단확장 이엑스티보강판을 덧붙인 것이나 대동소이한 대구경파일은 지금 당장 필요성이 떨어진다는 얘기만을 하고 싶은 것이다. 대구경파일의 제작비나 물류비 등을 고려하면 더욱 현실성이 떨어진다. 어쩌면 연구개발비를 소홀히 여긴 것인지도 모르겠다. 새로운 대구경파일 시장

이 생긴 것인지 아니면 더 깊은 뜻이 있는데도 SE가 모르고 있는 것일 수도 있다.

SE의 선단확장 이엑스티보강판보다 더 나은 답이 있겠지만, 그 답을 찾는 우회로 또한 평탄한 길만은 아닐 것이다.

어느 업체는 초고강도 PHC파일을 개발하고 있었는데, 이는 PHC파일의 강도를 기존 80MPa에서 110MPa로 높인 파일을 말한다. 실제 시공을 거쳐 재하시험으로 확인한 결과, 초고강도 파일의 지지력(110MPa)[35]이 일반 PHC 파일의 지지력을 30% 이상 상회하는 것으로 나타났다. 그런데 이 우수한 초고강도파일보다 SE의 선단확장 이엑스티파일이 지지력은 거의 비슷하면서도 20% 정도 더 저렴했다. 기술의 진보는 환영할 만한 일이다. 하지만 안타깝게도 결국 이 초고강도파일도 자원의 낭비였다는 결론으로 귀착될 것 같다.

이 가운데 SE의 파일업체들에 대한 설득작업이 줄기차게 이어졌다. 마침내 D사와 파일업계 1, 2위를 다투는 아이에스동서가 먼저 반응을 보여 왔다. 그 배경에는 비용을 절감하고 싶어하는 시공사들의 움직임도 있었다. 공사비를 절감하려는 건설사들이 더 적극적으로 받아들였고 구조설계사들이 설계에 반영하면서 차츰 더 쓰이는 추세에 있었다.

SE의 선단확장 이엑스티파일은 일반 PHC파일보다 지지력이 20~30% 정도 높으니 땅에 박아야 하는 파일의 개수가 약 20~30% 줄어든다. 공기가 단축된다는 것만으로도 흡족해 하는 건설사도 아마 있었을 것이다. 그런데 하물며 공사비가 20~30% 줄어든다니 건설사는 구미가 당기지 않을 수 없는 유혹이었다. 이는 일반파일을 고수하고자 하는 파일업체들에 적지 않은 압박이 되었다. 게다가 파일 제조사들을 당혹스럽게 하는 일이 생겨났다. 공사비를 아끼려는 건축주와 발주처에서 아예 선단확장 이엑스티파일을 쓰라고 요구하고 나선 것이다. 관급공사에서조차 Spec-in이 되는 경우까지 발생했으니 업체보다 시장이 먼저 변하고 있었다.

드디어 2010년, SE는 아이에스동서와 선단확장 이엑스티파일 생산계약을 체결했다. 아이에스동서가 전술을 변경하자 다른 파일제조사들도 마음을 바꿨다. 다른 파일 제조업체 3곳도 결국 SE의 선단확장 이엑스티파일을 생산해 주기로 결정했다. 그래서 아이에스동서, 아주산업, 삼부건설공업, 동양파일 등과 제휴를 통해 지금까지 상호 협력해 오고 있다. 이렇듯 우여곡절 끝에 선단확장 이엑스티파일은 파일 제조공장에서 제작되어 시장에 나올 수 있었는데, 파일업체들을 설득하는 데만 반 년이나 걸렸다. 힘들었지만 보람이 있었다. 아이에스동서의 공장제작형 Ext-R(제품명) 덕분에 SE가 미약하지만 어느 정도 마케팅 파워를 가질 수 있게 되었기 때문이다.

인천 송도에 있는 모 현장에서 아이에스동서와 손잡은 SE는 ○○회사와 ○○업체 연합군과 격렬한 경쟁을 치렀다. 그곳은 연안이라 지반이 약했기 때문에 파일시공 등 지반 관련 공사비만 120억 원이나 되는 대규모 현장이었다. 치열한 경합 끝에 시공사 대우건설은 아이에스동서와 SE 측의 손을 들어주었다.

이 현장의 설계 원안은 RCD[36]공법이었는데, 아이에스동서와 SE의 파일을 채택하고 공법을 변경한 대우건설이 40억 원 가량의 거금을 절감할 수 있었다. 이 공사 건으로 SE는 파일시장에서 비로소 이름을 좀 알릴 수 있게 되었다. 참고로 RCD(Reverse Circulation Drill)공법은 63빌딩과 한국종합무역센터 등을 건축할 때 적용되었다.

가재울 재정비촉진지구는 서대문구 남가좌동과 북가좌동 일대이다. 이 지구에 뉴타운을 건설했는데 3개 건설사가 시공사로 참여했다. 공교롭게도 A건설사는 SE의 선단확장 이엑스티파일을, B건설사는 유사파일 공법을, C건설사는 일반파일을 각각 사용해야 할 상황이었다. 날이 갈수록 파일 납품 경쟁은 치열해져 갔는데, 모 건설사는 ○○산업에서 파일을 제대로 공급받지 못했다. 자세한 내막은 파악할 수 없고, 파일 제작에 상당한 시간이 걸렸기 때문이라고 추측만 하고 있다. 파일 제조업체들은 파일을 미리미리 생산해 창고에 가득 쌓아둘 수가 없다. 파일은 대개 10여 미터의 장신에 무게가 수 톤씩 나가는 덩치들이다. 파일이 제때 팔리지 않으면 파일 제조업체들은 눈덩이처럼 불어나는 재고를 감당하기 어렵다.

行

"변화시킬래? 아니면 변화당할래?" 언제나 SE는 임직원들에게 물어본다. SE의 行(행)은 능동적인 실천인 동시에 스피드다. 또한 한번 해봤냐는 도전의 의미도 내포하고 있다. 행은 중소기업인 SE로서는 열린 판도라 상자로부터 갖게 되는 마지막 희망과도 같다. 대기업은 팀 단위로 움직이므로 순간적으로 빠를 수 있다. 하지만 팀 윗선의 의사결정을 기다려야 하고 최고경영자의 결재도 기다려야 한다. 중소기업은 전사적으로 움직이는 게 아무래도 대기업보다는 쉽다.

"해 보기나 했어?" 이 말은 고 정주영 현대그룹 창업자의 면모를 단적으로 보여주는 말이다. 실패를 거듭하면서도 끊임없이 도전했던, 어쩌면 도전해야만 했던 정 회장의 일생을 대변한다. 시대가 정 회장에게 원한 바람일 수도 있고 그의 운명이었을 수도 있다. 경제개발계획으로 고도성장을 구가하던 시대였으나 성장과 발전은 고 정주영 회장의 말처럼 실행과 도전에서 나온다. 혁신도 마찬가지다. 행하지도 않았는데 그 무슨 발전이 있을 것이며, 해보지도 않았는데 그 어떤 변화가 있을 수 있겠는가.

과거 현대그룹의 건설 관련 회사에는 현대건설, 현대산업개발, 한라건설, 고려산업개발 등이 있었다. 그 중 현대산업개발은 SE 설립 당시부터 지금까지 SE의 주요 거래처 중의 하나이다. 송기용 대표의 첫 직장이 현대산업개발이어서인지 아니면 우연의 일치인지 모르겠지만, SE의 좌우명 또한 行(행)이다. 이 行은 아주 적극적인 의미에서 실행이다. 이 실행은 行에 내재한 속도를 살릴 수 있도록 전략적이어야 한다.

[슬로건]
Let's make the earth's skin

SE의 경영전략 行 이전에 생각과 비전이 있다. 생각은 누구나 할 수 있다. 꿈도 현실에 구애받지 않고 누구든 자유롭게 꿀 수 있다. 하지만 우리 인간의 본성에는 변화에 대한 바람이 있는 동시에 변화에 대한 두려움이 강하다. 이 두려움이 크면 현실에 만족하지 못하면서도 변화를 꾀하지 못한다. 우리 모두를 위험선호자, 위험중립자, 위험회피자, 이 셋으로 나눈다면 위험회피자가 압도적으로 많을 것이다. 그래서 생각과 비전을 행할 때 그 밑바탕에는 용기와 신념이 자리한다.

물이 마르면
물고기는 죽는다

수어지교[37]는 매우 친밀하여 떨어질 수 없는 사이를 가리키는 좋은 말이다. 우리나라의 대기업과 중소기업의 관계 역시 물과 물고기의 관계인 듯싶다. 물은 물고기가 없어도 무방하지만 물고기에게 물은 생명을 좌우하는 존재이기 때문이다.

아직까지 SE의 비즈니스 모델은 시장에서 좋은 평가를 받고 있다. 좋은 비즈니스 모델은 괜찮은 수익성과 같은 말이다. 선단확장 이엑스티보강판의 효과가 좋다는 소문이 퍼지니 경쟁자의 출현은 어쩌면 당연한 일일지도 모른다. 2011년 SE의 선단확장 이엑스티파일을 모방한 유사한 제품이 시장에 나왔다. 그들은 '미투(Me Too)전략' 마케팅을 한답시고 이렇게 선전하고 다녔다.

"SE의 제품과 성능은 똑같습니다. 가격은 훨씬 저렴합니다."

SE가 항의를 했지만 유사품을 만들어낸 회사는 굽히지 않고 유사제품을 계속 판매했다. SE는 선단확장 이엑스티파일에 대한 권리, 즉 특허를 주장해야만 했다. 어쩔 수 없이 소송이 벌어졌다. SE와 적대관계에 있던 모 소형 건설회사는 장기간의 소송 끝에 결국 문을 닫게 되었다. SE의 피해도 적지 않았다. 소송에 적지 않은 비용이 들어갔고 특허로 인정을 받은 건의 특허가 취소되는 불상사도 있었다.

그런데 상기 업체처럼 미투전략을 사용하는 업체가 또 나타났다. ○○엔지니어링이라는 업체다. 위 회사와 소송은 아직 진행 중이기 때문에 미투전략에 대한 원론적인 이야기만 하겠다.

이전엔 없던 새로운 상품이 출현했다고 소비자들은 이를 무턱대고 받아들이지 않는다. 『마케팅 불변의 법칙』에서 한 수 배웠듯, 신제품이 소비자의 의식에 자리를 잡으려면 꽤 긴 시간을 필요로 한다. 그러한 과정 중에 무지하게 많은 상품이 시장 진입에 실패하여 도태된다. 그런데 이런 긴 시간은 특히 자본이 열악한 대부분의 중소기업에 엄청난 부담이 된다. 중소기업들이 승부수를 던지며 이런 모험을 감행하는 것은 선점효과를 노리기 때문이다. 불확실한 시장 상황에서 흔히 나타나는 게 미투전략이다. 후발업체들이 자신들의 제품이나 서비스를 선발주자들의 그것인 양 내세워 시장을 파고드는 것이다. 선발업체가 시장을 개척하느라 애쓴 건 이해하지만, 이제 시장이 무르익었으니 과실을 함께 나눠먹자는 식이다.

이 미투전략은 시장을 선점하느라 들여야 하는 마케팅비용에 대한 부담이 적다. 성패에 대한 위험을 축소한 상태에서 앞사람의 발자국을 따라만 가면 되니까 대기업들도 이 미투전략을 완전히 배제하지는 못한다. 예전에는 자본이 넉넉한 대기업에서 먼저 시장을 열어놓고 그보다 못한 중소기업들이 유사품이나 대기업이 미처 점유하지 못한 틈새를 찾아 들어가는 형태가 많았다. 그런데 요즘은 거꾸로 중소기업들이 애써 개척해 놓은 시장에 대기업들이 따라 들어오는 경우가 늘어났다. 대기업들의 이러한 행태는 시장에 완전히 뿌리를 내리지 못한 선발주자, 특히 중소기업에는 생사가 달린 문제가 된다.

어느덧 대한민국 가정의 필수품이 된 김치냉장고도 이러한 사례 중의 하나이다. 위니아만도는 1995년 '딤채'라는 브랜드로 김치냉장고라는 시장을 창출해냈다. 몇 년 후 김치냉장고의 시장규모가 커지니까 국내 유수의 대기업들이 너도나도 뛰어들었다. 그런데 이 위니아만도의 김치냉장고 사례는 속된 말로 양반인 편이다. 위니아만 해도 덩치가 좀 있는 기업이기 때문이다.

대기업들이 장악하고 있는 시장을 피해 선점효과를 기대하며 새로운 시장을 향해 앞장서서 돌진했던 수많은 용감한 중소기업이 쓰러져갔다. 중소기업과 대기업 간의 다툼은 해당 중소기업에는 생존의 문제이고 대기업에는 쉽사리 와 닿지 않는 아픔, 그야말로 나와는 상관없는 남의 얘기일 뿐이다.

하지만 중소기업들도 위험을 감수해야 하는 1등보다는 똑똑한 2등이 더 나았던 이러한 경영전략 사례들을 남의 일인 듯 지나쳐서는 안된다. 속도는 위험을 동반하기 쉬운 법이니 합법적인 미투전략을 타산지석으로 삼는 편이 낫다.

창업보다 수성이 어렵다는 말이 있는데, SE는 이제 겨우 열 살이 되었으니 수성 운운할 처지는 아니다. 어쩌면 창업 이후의 모든 행위는 기업의 생존을 위한 몸부림이라고 봐야 한다. 지식 경영, 가치 경영, 문화 경영, 인문학 경영......, 이 많고 많은 경영기법 중 제 몸에 맞는 경영을 행한다고 자신 있게 답할 수 있는 기업이 과연 얼마나 될까.

업계에 일단 발을 들여놓는 순간 경쟁은 피할 수 없다. 그렇다면 SE는 무엇을 갖고 타 업체들과 경쟁을 하고 있을까. 구성원들이 뽑는 SE가 가진 최고의 장점은 역시 기술력이다. 기술에 대한 투자 하나만큼은 남들이 뭐라 해도 대단하다고밖에 할 수 없다. 단점은 SE의 구성원들이 늘어나고 부서가 세분화되면서 소통이 점점 느려지고 있다는 점이다. 거의 대부분의 임직원이 건설과 관련된 전공자이거나 경력자이기 때문에 업무상 소통에 큰 문제는 없다.

소통은 비교적 괜찮은 편이라 하는데, 임직원들이 뽑는 송 대표의 단점은 템포가 너무 빠르다는 것이다. 뒤처지면 안 된다는 불안감 때문인지 몰라도 임직원들이 보기에 송 대표는 너무 앞서가려고 노력한다.

2004년 창업 이후 임직원들의 책상 위에는 각종 서류들이 산더미처럼 쌓여만 갔다. 송 대표의 꼼꼼한 일처리 때문이었다. 속도를 높이면서도 꼼꼼히 업무를 처리하려다 보니 일주일에 사나흘 야근은 거의 기본이었다. 대부분의 성공 벤처기업들의 사례에서도 확인할 수 있듯, 당시 초창기 멤버들에게는 꿈과 열정이 있었다. SE 창립 멤버인 이철웅 부장과 조한직 차장 등은 그때와 같은 속도, 이 속도를 다른 말로 바꾸면 헌신과 열정일 것 같은데, 그러한 헌신과 열정은 인간이라고 누구나 늘 가질 수 있는 것은 아닐 거라며 웃음을 보였다. 그나마 지금은 숨 좀 돌릴 여유가 생긴 것인지도 모른다. 하지만 분명한 것 한 가지가 있다. SE의 구성원들은 정말 열심히 일했고 나름대로 성과를 이뤄냈다는 점이다.

일보(업무일지), 프로젝트별 이력 관리, 출장보고서 등에서 보듯, 아직도 엇비슷한 일을 두어 번 반복하는 서류작업이 있다. SE는 깔끔하게 단 한번에 일을 마무리할 수 있도록 중복된 서류업무를 단일화하고 있다. 자체적인 서류 업무량은 점점 줄어들고 있는데, 거래처의 요청으로 기술 제안서나 보고서를 만드느라 밤샘 작업을 하기도 한다. 심지어 시공사가 감리에게 제출해야 하는 서류를 SE가 대신 작성해 주기도 한다. 또 시공 현장의 갑작스런 출장 요구 때문에 최근에는 마케팅 담당 직원들의 외근이 꾸준히 늘어나고 있다.

[SE 선단확장 이엑스티파일 SWOT 분석]

Strength (강점)

1. 선단확장 이엑스티파일 기술을 특허로 선점함
2. 경쟁사의 대구경파일 및 초고강도파일 대비 가격 경쟁력 우위
3. 소수정예 인력으로 건설 경기의 급등락에 유연하게 대처 가능

Opportunity (기회)

1. 연안지역 개발 등으로 인한 PHC파일의 출하량 증가(2012, 2013년)
2. 시장점유율이 10% 남짓으로 향후 성장성 기대
3. 미개척 거래처가 존재
4. 친환경이라는 시대적인 트렌드에 부합 (소음 및 폐기물 감소)

Weakness (약점)

1. 전체 파일시장에서는 영향력이 미미한 약자
2. 자체 공장을 보유하지 못함

Threat (위협)

1. 저가의 유사제품 등장
2. 국내외 건설 경기 위축
3. PHC파일 시장은 장기적으로 저성장 추세

태초에
경쟁이 있었다

파일 제작에서 업계 1위는 대림C&S이고 2위는 아이에스동서이다. 업계 3위에서 5위까지는 아주산업, 삼부건설공업, 동양파일이 차지하고 있는데, 이 순위는 거의 해마다 변동이 있다. 업계 2위에서 5위까지가 전체 파일 시장의 약 60%를 점유하고 있는데, 다행스럽게도 이 회사 모두가 이제는 SE의 협력사이다.

파일제조사와 떼려야 뗄 수 없는 관계사가 항타사이다. 항타사는 항타기라 불리는 중장비로 파일을 지반 속으로 두드려 박는 항타(抗打·말뚝 박기)를 하는 회사를 가리킨다. 이 항타사들이 처음에 SE의 선단확장 이엑스티파일의 시장 진입을 극렬히 반대했다. 항타사의 수입은 시공하는 파일의 길이에 비례한다. 항타사들은 시공되는 파일의 양이 감소하면 당연히 일거리도 줄어드므로, 자신들의 밥그

룻도 자연스레 작아질 것으로 생각한 것이다. 하지만, PHC파일의 출하는 2005년 376만t, 2006년 416만t, 2007년 479만t, 2008년 536만t, 2010년 411만t, 2011년 422만t, 2012년 543만t의 추이를 보이고 있다.

수치로 알 수 있듯 SE의 선단확장 이엑스티파일이 시장에 등장한 이후에도 파일의 출하량은 전혀 줄어들지 않고 있다. 물론 이는 선단확장 이엑스티보강판을 부착한 파일의 시장점유율이 10% 정도밖에 되지 않아 전체 파일 출하량에 미치는 영향이 아직 미미하기 때문이기도 하다. 전체 시장을 놓고 보았을 때 약 2~3%의 파일 출하량 감소 효과가 있을 것으로 추정된다.

어쨌든 2012년 543만t으로 파일 출하량이 최대치를 기록했는데, 이는 파일업체들이 국내 건설현장에 PHC파일을 공급한 이래 가장 많은 출하 실적이다. 더욱이 일부 생산업체들의 대구경파일 등의 출하 실적이 통계에 포함되지 않은 것을 감안하면 실제 출하량은 560만t을 웃돌 것이다. 상기 내용을 훑어보더라도 항타사들이 SE 선단확장 이엑스티파일을 우려할 만한 근거가 충분치 않았다는 것을 알 수 있다.

심지어 SE는 항타기에 장착된 망치의 무게도 늘려 놓았다. 2005년 이전의 항타기 망치 무게는 3t이었다. 지금은 대부분의 항타기가 5t짜리 망치를 사용하고 있다. 항타사들은 파일의 직경이 늘어났는데도 불구하고 이전부터 사용해오던 3t짜리 망치를 그대로 사용하고 있었는데, 알고 보니 5t짜리 망치가 3t짜리보다 더 효과적이었다. 5t짜리로는 서너 번만 항타를 해도 지지력이 곧잘 나왔다. 항타사가 3t을 고수한 것은 망치 가격이 1개당 천만 원으로 결코 적지 않다는 현실적인 이유도 있었다. 400mm에서 500, 600mm로 직경이 커지면서 파일 무게도 점점 늘어나므로, 밑면적이 넓은 선단확장 이엑스티파일을 시공하는 경우에는 확실히 5t짜리 망치가 더 능률적이었다.

SE가 나서서 직접 파일을 시공한 프로젝트는 지난 10년 동안 5건 이하에 불과하다. SE가 파일 시공에 적극적으로 나서지 않는 이유는 항타사들이 SE가 항타까지 한다며 반발할 게 분명하기 때문이다. 같은 이치로 SE가 공장을 차려 선단확장 이엑스티파일을 생산하면 파일 제조사들은 SE가 파일제조까지 한다며 반발할 것이 뻔하다. 여기에는 현실적인 이유도 있다. 시공을 하려면 장비와 인력이 필요한데, 덩치가 커지면 업황이 안 좋을 때는 리스크도 같이 커진다. 이런저런 까닭으로 SE에 주어진 사업 영역 및 과업은 컨설팅이다.

SE는 시공이 어려운 현장에는 컨설팅이 반드시 필요하다고 생각한다. 컨설팅 건수 몇 건 더 올리려고 이런 말을 하는 게 아니다. 매출 여부를 떠나서 SE는 컨설턴트의 현장 배치를 상시 상주와 일주일에 2~3회 상주하는 비상주, 그리고 상주하지 않고 제품만 납품하는 경우로 다양화 시켰다. 제품만 납품하는 경우는 초기 품질관리 기준을 제공하고 있다. 업체들이 싼 비용으로도 컨설팅을 받을 수 있도록 하기 위해서이다. SE 입장에서는 파일만 팔고 뒤처리는 시공업체들에 맡기면 되지만 컨설팅이 꼭 필요한 현장이 제법 된다.

  아무튼 현재 SE는 과거 한때 사이가 험악했던 항타사들과의 우호관계를 서서히 정립해 나가고 있다. 왜냐하면 SE가 시공현장에서 마주치는 항타사들에게 제대로 된 항타를 겨냥한 컨설팅을 서비스해 주고 있기 때문이다. 예를 들면, 항타사가 설계도면과 달리 천공을 잘못했을 때 보강타를 해야 할 위치 등을 SE가 무료로 선정해 주고 있다. 이렇듯 지금 항타사들은 SE 덕분에 적지 않은 비용을 절감하고 있다. 또 SE는 구조기술사의 확인과 토질 및 기초기술사의 확인을 즉시 받아주는 역할도 대신 처리해 주고 있다. 소소한 일로 치부할 수도 있지만 이것도 상생의 한 방법이다. 혹자가 SE의 선단확장 이엑스티보강판을 가리켜 '항타사의 눈물'이라 했다는데, SE는 지금 항타사의 눈물을 닦아주고 있는 셈이다.

세 번의 **데스밸리**

2007년 미국의 서브프라임 모기지 사태로 인한 후폭풍이 전 세계를 강타했다. 유럽, 일본 등 선진국들의 금융시장이 얼어붙었고 우리나라에도 강풍이 몰아닥쳤다. 주식시장은 폭락했고 경기는 급강하하기 시작했다. 부동산시장도 마찬가지였다. 2008년 해가 바뀌자 건설현장에서 공사가 중단되거나 아예 공사 자체가 취소되는 경우까지 속속 생겨났다. SE도 이 여파를 피해 가지 못했다. 해마다 수십 퍼센트씩 고속성장을 하던 SE의 매출 역시 급감하기 시작했다.

2009년 7월 어느 날, 현장으로 나간 직원 단 한 명을 제외한 SE의 임직원 모두가 사무실에 우두커니 앉아 있었다. 옹기종기 모여 있었던 것은 컨설팅을 해주러 갈 현장이 딱 하나밖에 없었기 때문이었다. 단한 곳. SE의 Ext파일을 시공하는 현장이 2009년 여름에는 오직 한 곳만이 남아 있었다. 새로이 공사를 시작할 기미도 없어 보였다. 여름과

가을은 계절적으로도 파일 비수기였으니 어쩌면 회의 자체가 무의미한 상황이었을 것이다. 고민에 고민을 거듭했으나 결국 돌파구를 찾아내지 못한 채 시간은 무심히 흘러갔다.

파일 시장의 성수기는 11월에서 3~4월, 즉 겨울에서 초봄이다. 이때 지반에 대한 기초공사가 이루어져야 봄, 여름에 건축 구조물을 올리는 게 쉽다. 콘크리트는 따뜻한 날씨에 잘 굳기 때문이다. 현장이 단 한 곳으로 줄어든 때가 2009년 7월 여름이었으니 당분간은 신규 매출이 일어날 가망이 전혀 보이지 않는 최악의 상황이었다. 적어도 3, 4개월 아니면 반년은 기다려야 조짐이라도 조금 보일 판이었다.

일개 중소기업에 불과한 SE의 입장에서는 당시 주저앉느냐 기사회생하느냐의 심각한 상황이었다. 역설적이게도 생사의 기로에 처해 있던 SE를 살린 건 진즉에 폐지되었어야 마땅할 관행, 어음이었다. 현금화할 수 있는 어음들이 하나둘씩 돌아오고 있었다. 거래처로부터 납품대금으로 받아둔 3개월에서 반년짜리 장기 어음으로 SE는 이 최악의 상황을 겨우 모면할 수 있었다.

그리고 이 위기 극복의 험로에는 또 한 가지의 사연이 있다. 임원들은 약 1년 간 급여의 30%를 삭감하고 직원들은 반년 정도 급여의 15%를 삭감 당했다. 임직원들의 급여를 줄이지 않으면 어쩔 수 없이 몇몇 임직원을 퇴사시켜야 할 급박한 상황이었다. 임직원들 모두 동의하여 진행된 응급처치였지만, 지금 다시 되돌아봐도 처절하기 그지없는 승부수였다.

데스밸리에서 버티기만 했을 뿐 이 죽음의 계곡에서 벗어날 탈출구를 찾지는 못했다. 천수답의 농부처럼 하늘에서 비가 오기만을 기다리는 수밖에 없었는데 찬바람이 불자 반가운 소식이 날아들었다. 하락의 골이 깊었던 만큼 경기가 회복될 때 그 속도는 아주 빨랐다. 공기 지연에 따른 지체보상금을 물지 않으려는 건설사들까지 앞다투어 공사를 재개했다. 착공을 차일피일 미루고 있던 곳까지, 파일 주문이 한꺼번에 몰려들었다. 불과 1년 만에 2008년에 달성한 매출을 회복했다. 가장 바빴을 때는 컨설팅을 하러 나가야 할 현장이 스무 곳이나 되었으니 그야말로 격세지감이었다. 단 한 곳만 남아 푹 고개를 숙이고 있던 때가 엊그제 같았는데.

위기를 겪은 후 SE는 다시 한 번 가파른 성장을 이뤄냈는데, 실은 이뤄냈다고 자랑할 수 있는 것보다 저절로 이루어진 게 더 많았다. 옛 속담에 제아무리 농부가 노력한다 할지라도 풍년을 만난 것만 못 하다고 하지 않았던가. 2010년에 접어들면서 공사가 재개되거나 새로이 착공된 현장이 부쩍 늘어났기 때문에 다시금 매출이 급신장할 수 있었다. 새로이 직원을 채용해야 했을 정도였으니 SE에 다시 활기가 돌았다. 위기를 극복하고 숨을 고를 수 있게 된 2010년, SE는 직원들에게 2009년의 미지급 급여를 전부 지급했다.

민감한 사안인 돈 문제, 급여 이야기가 나왔으니 몇 마디 더한다. SE는 지금까지 연도를 적지 않고 '지금까지'라고 하는 것은 앞으로도 쭉 이러하리라 굳게 믿기 때문이다. SE의 구성원들에게 지급해야 하는 급여를 단 하루도 미룬 적이 없다. 월급을 주는 게 마땅하지만 결코 가볍게 넘길 일은 아니다. 비단 SE뿐만이 아니라 대한민국의 중소기업들은 넉넉한 자금을 보유하고 있지 못하다. '돈 가뭄' 등으로 인해 우리나라 중소기업 상당수의 미래는 너무나 불확실하다. 이 돈 가뭄현상의 한복판에 장래가 불투명한 어음이 버티고 있다.

SE는 거래처에서 받아야 하는 돈을 대부분 어음으로 수령한다. 2014년 1월까지 어음을 할인하느라 금융기관에 거저 주어야만 했던 이자의 총액은 차마 여기에 기록할 수가 없다. 대신 SE의 철칙 하나를 소개한다. SE는 절대로 어음을 발행하지 않는다. 아무나 할 수 있는 일, 결단코 대한민국에 있는 모든 기업이 할 수 있는 일이 아니다. 거래처 결제대금으로 어음을 받았기 때문에 자금여력이 있으면서도 현금을 꺼내지 않고 거래처를 상대로 어음을 발행하는 회사들도 있다. 이렇게 하지 않으면 어음 할인비용을 홀로 부담해야 하므로, 그 업체들을 나무랄 수만은 없는 것 또한 작금의 현실이다.

거래처에 줘야 할 대금을 SE도 어음으로 해결하자는 경영지원팀원의 건의가 있었다. 송 대표는 모처럼 언성을 높였다.

"월급을 어음으로 받으면! 일은 겨울에 했는데 여름에 월급을 받으면 기분이 어떻겠어."

문을 닫을지언정 SE가 어음을 발행할 수 없다는 그의 결의에 찬 말에 경영지원팀 직원이 식은땀을 흘렸다고 한다. 결코 웃음을 보일 수 없는 잔혹한 내용이었다. 1월에 일한 대가를 3월 31일에 3개월짜리 어음으로 받는다! 한겨울에 일을 하고 초여름인 6월 말이 되어서야 월급을 손에 쥘 수 있다는 말이니 참으로 어이없는 일이다. 어음을 현금화하려면 할인을 받아야 하는데 3개월분 이자가 고스란히 나간다. 어음의 리스크로 인한 높은 금리와 어음할인 수수료도 어음을 소지한 자가 부담해야 한다. 땀 흘려 번 돈을 구멍 난 주머니에 넣어 한 푼 두 푼 흘리고 다니는 어수룩한 사람이 되는 셈이다. 부당한 거래관행인 어음에 일침을 가한 이솝우화 같은 얘기인데, 다시 한 번 강조하지만 어음은 폭력행위나 진배없다.

2009년 위기를 넘기자 모든 일이 순조로워 보였는데, 2011년 5월 위기가 또 다시 SE를 찾아왔다. 마케팅을 소홀히 했던 게 두고두고 화근이었다. 전체 파일시장을 놓고 보면 SE는 아직 군소업체에 속하는 약자인데도 기존 거래처에 의존하고 타성에 젖어 신규 고객을 발굴하려는 노력을 거의 하지 않았다. 그리고 SE는 컨설팅을 주업으로 하는 기술회사라는 인식도 이 위기상황에 한몫했다. 엎친 데 덮친 격이라 할까. 2011년 초 SE의 선단확장 이엑스티파일을 모방한 유사파일이 시장에 나타나 SE를 더욱 괴롭혔다. 어떻게 해서든 이 난관을 극복해야 살아남을 수 있고 일단 살아남아야 또 다른 기회라도 잡을 수 있었다.

특단의 조치가 필요했던 SE는 모든 임직원의 '영업맨'화를 선언했다. SE의 엔지니어들은 자신들이 가진 기술은 잠시 잊기로 했다. 회사가 원한다고 해서 고객이 그 회사의 제품을 사는 게 아니다. 고객이 자신에게 가치가 있다고 느낄 때 비로소 그 제품을 구매하고 애용하게 된다는 점에 착안했다.

엔지니어가 가지고 있는 기술 지식에 영업 마인드를 덧붙이는 작업에 착수했다. 조직을 영업 위주로 개편하고 영업을 전담하는 TF팀을 꾸렸다. 보험회사 직원을 초빙하여 영업에 대한 기본적인 교육도 실시했다. 책상 앞에 앉아만 있던 엔지니어들에게 영업은 생소하고 난감한 일이었다. 이른 아침부터 밤늦게까지 이어지는 강행군이 계속되었다. 이를 견디지 못한 일부 직원들은 자진해서 회사를 떠났다.

하루 이틀이 지나고 1, 2주가 지나자 조금씩 체질개선이 이루어지는 것 같았다. 이때 고생을 함께 했던 임직원들의 말을 빌면 송기용 대표는 그들에게 있어서 그야말로 '공공의 적'이었다. 이 공공의 적에 대항하기 위해서였는지 모르겠지만 직원들은 하나로 결속되었다. 이 결속된 힘이 차츰 밖으로 분출되어 나갔다. 기술연구소를 제외한 모든 임직원이 이전에 이름도 들어보지 못했던 구조사, 설계사를 매일같이 찾아다녔다. 이른바 쌍끌이식, 저인망식 영업이었다. 잠재적인 고객들을 직접 만나 선단확장 이엑스티파일은 시공사의 경쟁력을 높여주는 제품이라는 점을 적극적으로 강조했다.

SE 창립 멤버인 강혜선 차장(당시 과장)은 여성 엔지니어이다. 그런 그녀가 2011년 위기 때 20여 명이나 되는 타 회사 임직원들 앞에서 혼자 프레젠테이션을 감행했다. 브리핑이 끝나자 이 회사 임직원들은 박수와 환호를 보내주었다. 박수와 환호성으로 그친 게 아니라

SE에 프레젠테이션에 대해 감사의 전화를 걸어왔다. 다른 영업직원들은 물론 본사 연구소의 직원들도 고무되었다.

변화는 느렸지만 이윽고 4개월이라는 시간이 지나자 성과가 나타나기 시작했다. 상반기에 전무했던 수주가 하나 둘씩 터졌다. 그 결과 120억 원 가량을 신규 수주하면서 2011년 매출은 2010년을 상회했다. 그런데 SE는 이 실적의 20~30%는 건설경기가 회복된 덕분으로 여기고 있다. 운도 적잖이 따라주었다는 게 맞을 것이다. SE의 노력으로 일궈낸 성과를 따지자면 70~80%쯤 된다는 주장인데, 솔직히 털어놓는다면, 이 70~80%는 임직원들이 느끼는 심리적인 수치이다. 그만큼 밤낮을 가리지 않고 미친 듯이 영업을 했다는 이야기이다.

실제 2011년의 열정적인 영업활동으로 이후 신규 거래처가 수십여 곳이 늘어났다. 그래서 2012년 SE는 썩 괜찮은 성과를 올릴 수 있었다. 2009년과 2011년 위기 때 대부분의 직원은 영업에 열중하느라 정신이 없었고, 관심 밖이었을 수도 있겠지만 한창 개발 중인 프로젝트가 있었다. 그것은 SE의 차기 주력 제품으로 일찌감치 낙점된 '스크류를 부착한 소구경 강관 파일'이었다. 기술연구소의 임직원들은 그 위기의 순간에도 신기술 개발에 매진하고 있었던 것이다. 물론 SAP(Screw Anchor Pile · 스크류를 부착한 소구경 강관 파일)을 개발하고 있다는 걸 직원들도 대략 알고는 있었다. 하지만 회사가 난관에 부딪힌 상황에서 기술개발을 지속해 이렇듯 성과를 나타낼 것이라고는 확신하지 못했다. 하나 더 덧붙인다면 처음 송기용 대표가 SAP에 대한 구상을 임직원들 앞에서 발표했을 때,

"저건 또 뭐야?"

"그냥 파일 쪽에만 주력하는 게 나을 것 같은데, 뭐 하러 딴 일을 벌이는 거야."

이런 회의적인 시각과 반응도 있었다. 하지만 송 대표의 발상은 결국 기술연구소를 통해 SAP으로 태어났고 국토해양부 건설신기술 인증이라는 주목할 만한 성과를 올렸다. SAP은 향후 SE가 한 단계 더 도약할 수 있는 든든한 발판이 되리라 확신한다. SAP의 개발 사례는 한 가지의 상품이 완전히 시장에서 히트하는 시점 이전에 한 박자 빠르게 이미 다른 수익 모델의 개발을 착수해야 한다는 것을 깨닫게 해 주었다.

어떤 직원들은 2011년보다 2007년이 더 힘들었다고 한다. 2007년은 창업 3년차로 데스밸리에 속한 시기였고 매출추이를 보더라도 약간 주춤하고 있을 때였다. 창업부터 2014년 1월까지 총 350곳이 넘는 현장에서 파일이 시공되었지만, 2007년 당시에는 현장이 그다지 많지 않았다. 시공 사례가 적다는 것은 무시하지 못할 단점이었다. SE의 선단확장 이엑스티파일이 검증되었다고 하기에는 아직 이르다는 게 현장 사람들의 반응이었다.

"좋은 아이템이다. 하지만 나는 못 쓰겠다."

"보강판을 쓰면 수억 원을 절감할 수 있는데, 보강판을 쓰지 않는다

면 이 돈을 그냥 버리는 것일 수도 있다."

"다른 파일회사들이 그 돈을 가져가니 버리는 건 아니지 않느냐? 그리고 그 금액은 기술료로는 결제받기 힘들다. 지금은 아니니 나중에 와라. 그때 가서 다시 한 번 생각해보자."

담당자는 본사 임원들의 결재받기가 힘들 것이라는 말도 덧붙였다. 회사 오너라면 달리 생각해 볼 수도 있었겠지만 어쩔 수 없는 노릇이었다. SE의 고민은 계속되었다. 항타사와 현장소장들도 선단확장 이엑스티파일을 마뜩찮게 여겼지만 현장에서 관리감독을 해야 하는 감리들도 불만이었다.

"막말로 시공사는 공사비라도 남지만 감리인 내게는 돈이 됩니까, 뭐가 됩니까. 나중에 행여 문제가 불거지면 책임만 져야 하고, 하여간 감리에게 이 선단확장 이엑스티파일은 득될 게 하나도 없으니 못 쓰겠습니다."

"시험 결과가 선단확장 이엑스티파일의 안정성을 말해 주고 있지 않습니까. 시험 성적을 못 믿으면 그동안 시공사들이 무엇을 믿고 어떻게 파일을 시공했겠습니까. 지금은 아무 거리낌 없이 사용하는 PHC파일이 이 땅에 처음 도입되었을 때, 현장에서도 처음에는 거부감이 있었지 않습니까."

파일 시험 과정은 다음과 같다. 먼저 지질을 조사하고 시험 천공을 한다. 파일을 가져와서 시항타를 한다. 이어 동재하시험을 하는데 관리기준은 3mm이다. 즉, 땅속에 안착된 파일은 3mm 이상 올라오거나 가라앉지 않아야 한다. 파일 숫자의 1%만큼 침하량 등을 기록해 관리하고 일주일 후, 즉 파일 옆의 시멘트가 굳은 후 정재하시험을 실시한다. 파일 위에 실제로 무게를 올려놓는 시험인데 파일 250개당 1개꼴로 무작위로 정해 테스트한다. 이상과 같이 파일에 대한 지지력 시험은 상당히 체계적이고 안정적이다.

지지력이 잘 나오거나 말거나, 초창기 SE의 선단확장 이엑스티파일에 부정적인 시각을 견지하는 감리를 설득하느라 당시 SE 사람들은 무척 애를 태웠다.

2007년 초겨울이 지나 2008년이 되자 선단확장 이엑스티파일을 원하는 현장이 급증했다. 영업도 퍽 활기를 띠었고, 기존의 고객들을 돌아보며 신경써줄 수 있는 여유도 생겨났다. 선단확장 이엑스티파일에 대한 소문을 듣고 회사로 문의전화가 오기 시작한 때가 바로 2008년이었다.

빛이 없으면
기업의 수명도
늘어난다

'계속 기업'이라고도 불리는 '영속 기업'(Going Concern)은 사주나 경영자의 희망사항으로 그칠 수도 있다. 통계를 보면, 1965년부터 1995년까지 30년 동안 한국의 100대 기업 중에 겨우 16개만 살아남았으니 십중팔구라는 말 그대로이다. SE는 허무맹랑한 이상을 좇아가지 않는다. 단기적인 목표는 빚 없는 SE, 즉 무차입 경영이고, SE의 장기적인 목표는 생존, 바로 이것이다.

코스닥에 등록된 솔본이라는 한때 굉장한 유명세를 탔던 회사가 있다. 솔본의 전신은 1994년 설립된 (주)새롬기술인데 1999년 주식을 코스닥시장에 등록했다. 이때 자회사인 다이얼패드를 통해 인터넷 무료 국제전화 서비스를 실시한다고 발표하면서 새롬기술의 주가가 급등했다. 1999년 2,000원대의 공모가로 상장한 새롬기술은 30만원을 넘기며 코스닥 황제주로 떠올랐다. 단 6개월 만에 1만 4,000%가 넘는 경이적인 상승률을 기록했다.

새롬기술은 곧바로 유상증자를 실시해 약 3,800억 원의 자금을 조달했다. 삼성그룹 계열사들도 주당 11만원에 새롬기술 주식 80만 주를 매입해서 880억 원을 투자했다. 거액의 자금을 조달하기는 했는데 인터넷 무료 국제전화 서비스 사업의 전망은 밝지 않았다. 이유는 단순했다. 기본적으로 인터넷은 무료라는 사고가 팽배해 있었기 때문에 인터넷 전화의 수익성이 좋을 리 없었다. 새로운 밀레니엄 시대를 열어줄 것 같았던 환상이 사라지며 새롬기술의 주가는 폭락하기 시작했다. 천하의 삼성그룹이 반 토막 수준의 투자 실적도 올리지 못했다. 이는 아직도 치밀하기로 정평이 난 삼성그룹의 투자 이력에 있어 오점으로 남아 있다.

막대한 자금에서 발생하는 이자수익이 있었기 때문에 사업에서는 해마다 적자를 내면서도 새롬기술은 명맥을 유지할 수 있었다. 새롬기술은 벤처캐피탈회사인 듯 투자를 했는데 아주 성공할 뻔한 투자도 있었다. IT 버블이 사라지던 2000년 새롬기술은 네이버컴(현재의 NHN)에 250억 원을 출자해 지분 10%를 확보했다. NHN은 2002년 코스닥에 직상장했는데 새롬기술은 보유하고 있던 지분을 매각해 버렸다. 이 지분을 팔지 않았다면 지금 1조 원이 넘는 가치로 평가됐을 것이다. 20년 전 새롬기술 때부터 현 솔본까지 가장 성공적인 투자였는데, 그 결실을 제대로 누리지 못한 투자였다.

2004년 새롬기술은 사명을 지금의 (주)솔본으로 바꿨고 여전히 건재하고 있다. 새롬기술의 사례는 우리에게 다양한 깨우침을 준다. 사업이라는 것이 자금만 있다고 되는 게 아니라는 점을 분명히 알려준다. 또한 사업을 잘하지 못해도 자금력이 뒷받침되면 회사가 쉽사리 망하지는 않는다는 것도 알려준다.

Done is better than perfect. 저지르는 게 완벽한 것보다 낫다. 세계 최대의 SNS업체 페이스북은 2012년 기업공개 때 도발적인 출사표를 내걸었다.

"페이스북은 기업이 되고자 만든 게 아니다. 세상을 더 개방적이고 연결되게 하려는 사회적 책무를 이루기 위해 만들었다. 해커의 길(Hacker Way)을 가겠다."

이어 마크 저커버그 페이스북 최고경영자는 "페이스북 홈이 스마트폰 기기의 사용방식을 바꾸는 출발점이 될 것"이라고 장담했다. 하지만 이후 페이스북이 야심작으로 내놓은 '페이스북 홈'은 부진을 면치 못하고 있다. 그런데 페이스북은 왜 하드웨어가 아닌 소프트웨어를 통해 스마트폰 시장을 공략하려 했을까. 페이스북은 실패로 드러난 페이스북 홈 전략을 어떻게 받아들이고 있을까.

모바일 전략을 총괄하는 본 스미스 부사장은 "모바일이 가장 큰 기회다. 2009년 2,000만 명이던 페이스북 모바일 사용자가 현재 7억 1,500만 명으로 급증했고, 2012년 1분기 0원이던 모바일 매출은 전체 광고매출에서 30%를 차지하게 됐다"고 모바일 강화 전략의 배경과 성과를 설명했다. 시장조사사업체가 발표한 자료에 따르면, 사용자들의 페이스북 사용시간은 해마다 50%씩 증가하고 페이스북 앱 방문자는 8,500만 명으로 늘어나는 등 구글 지도와 구글 검색, 지메일, 유튜브 등을 앞질러 버렸다.

"이게 바로 우리가 지향하는 '해커의 길'이다"라고 말하는 그의 옆에는 붉은색 글씨로 "저지르는 게 완벽한 것보다 낫다(Done is better than perfect)"는 포스터가 붙어 있다. 직원이 5,000명대로 늘어나고 기업공개 등으로 페이스북의 규모가 커졌지만, 벤처기업이 성장하면서 대기업을 닮아가는 것과 달리 페이스북 본사에는 '해커 문화'가 전면에 드러나 있다.

저커버그는 하버드대 서버를 해킹하는 데서부터 페이스북을 시작했지만, 기업을 설립한 뒤 해킹의 의미를 확대하며 기업철학으로 강조하고 있다. 그는 1년 전 투자자에게 보낸 편지에서 "흔히 해커에게는 컴퓨터 침입이라는 부정적 설명이 따라붙지만, 본디 해킹은 '뭔가를 재빨리 만들어 내거나 시험해보는 것'을 뜻한다"며 "해커의 길은 끊임없는 개선과 재차 시도하는 태도"라고 말했다.[38]

나눔,
상생 공존의
방향타

나눔이라는 것은 일방적으로 도와 주는, 그러한 개념은 아닌 것 같다. 약간의 시간과 돈을 들여 타인과의 공존을 깨우치는 행위가 아닐까. 나눔 활동은 인생은 살 만한 것, 살아볼 만한 가치가 있는 것이라는 소중한 희망을 얻을 수 있는 기회이다. 나눔은 상생을 깨우치고 공존을 배워 가는 시간이기도 하다. 하다못해 불행에 처한 타인을 보며 불행하게 되지 않도록 열심히 살아야겠다는 경각심이라도 생길 것이다.

SE의 임직원들은 일 년에 네 번 봉사활동을 한다. 두 번은 전사적으로, 두 번은 본부별로 별도 진행하고 있다. 나눔 활동 외에 나눔 적립금으로 기부도 한다. 선단확장 이엑스티파일 1개당 500원을 적립한다. GCB는 1t 당 100원을 적립하고 SAP은 1m 당 300원을 적립한다.

단, 이익이 났을 경우에만 한다. SE는 적자가 났는데도 불구하고 남을 돕는, 허황된 듯 보이는 이상만을 좇는 회사가 아니다. SE도 이윤을 추구해야 하는 수많은 기업 중의 하나일 뿐이다.

SE는 법인카드에 적립된 포인트로 물품을 구입해 사회복지관을 찾아 기부를 하고 있다. 그동안 쌓인 적립금은 동남아시아 라오스에서 우물파기 활동을 하는 단체 등에 기부해오고 있다. 2013년부터는 재능기부활동을 추가했는데, 건설과 직접적인 연관이 있는 곳을 물색해 나눔 활동을 지속적으로 해 나가고 있다. SE가 아무래도 토목건설과 관련된 일을 하다 보니 독거노인 등의 낡은 집을 정비하고 수리해주는 일이 맞겠다 싶어서였다. 그리고 적어도 1년에 두 번 정도는 해비타트(집을 고쳐주는 NGO)와 연계하여 리모델링 공사에 이바지하는 것을 목표로 하고 있다.

해비타트와 함께하는 사랑의 집고치기 나눔활동

고대 로마 콘크리트의 비결

천 년이나 바닷물에 잠겨서도 끄떡없는 고대 로마 콘크리트 구조물의 비밀이 밝혀졌다.

미국 로런스 버클리연구소를 비롯한 국제 연구진은 이탈리아 나폴리만지역 북서부 포주올리만의 바닷물에 2천 년 동안 잠겨서도 변함없이 튼튼한 콘크리트 방파제를 연구한 결과, 내구성과 친환경성 등 여러 면에서 뛰어난 이유가 재료 배합과 가열 방식 등이 현대와 다르기 때문임을 밝혀냈다고 발표했다.

20세기 중반에는 콘크리트 구조물들이 내구연한 50년으로 설계됐으며, 최근에 100~120년으로 늘어났는데 포주올리만의 콘크리트 방파제는 파도와 소금기를 2천 년째 견디고 있다.

연구진은 오늘날 대표적인 수경성(水硬性) 시멘트인 포틀랜드 시멘트가 대부분의 콘크리트에 접착제 역할을 하지만, 이를 제조하는 과정에서 많은 이산화탄소가 발생하는데 반해 로마의 콘크리트는 그렇지 않다고 지적했다.

포틀랜드 시멘트는 석회석과 석회석-진흙 혼합물을 1,450℃로 가열하는데 많은 연료가 소모되고 그 과정에서 많은 이산화탄소가 발생하지만, 로마의 콘크리트는 생석회를 10분의1 이하로 적게 쓰고 그 대신 900℃ 이하에서 구운 석회석을 사용하기 때문에 환경오염이 훨씬 적은 것으로 밝혀졌다.

로마인들은 바닷물에서도 견디는 구조물을 만들기 위해 석회와 화산재를 섞어 모르타르(회반죽)를 만들어 나무틀에 넣었다. 이렇게 만들어진 구조물은 바닷물과 즉시 맹렬한 화학반응을 일으켜 석회석이 물 분자를 흡수해 수화물을 형성하고 화산재와 반응해 혼합물 전체를 굳혔다.

고대 기록에 따르면, 최고 품질의 해수 콘크리트는 나폴리만의 화산지대에서 나온 재, 그 중에서도 이번 연구에 사용된 포주올리만의 바닷가 화산재를 이용해 만들어졌다.

'포졸란'으로 불리는 이런 화산회 성분은 세계 도처에서 발견된다.

연구진은 포졸란을 이용한 로마의 콘크리트가 다른 콘크리트와 몇 가지 기본적인 차이가 있는데, 그 중 하나가 접착성이라고 밝혔다.

포틀랜드 시멘트로 만든 콘크리트의 접착 성분은 칼슘-규산염-수화물(C-S-H) 화합물이지만, 로마의 콘크리트는 규소가 적고 알루미늄 성분이 추가된 칼슘-알루미늄-규산염-수화물(C-A-S-H) 화합물로 안정성이 극도로 뛰어나다.

연구진은 로마 시대의 콘크리트에 들어간 석회석은 무게가 포틀랜드 시멘트에 비해 10% 미만이고 가열 온도도 3분의 2 수준이었다는 것을 밝혀냈다. 연구진은 로마인들이 사용한 재료와 배합법을 배워 이용하면 보다 친환경적이고 수명이 긴 건물과 다리 등을 만들 수 있을 것이라고 말했다.[39]

[**전략과 리더**]

대한민국 건설현장에 컨설팅을 심는다

「생각하는 리더, 행동하는 리더」

제너럴 일렉트릭(General Electric)은 리더에게 필요한 요건으로 열정(Energy),
격려(Energize), 결단(Edge), 실행(Execute) 등 4E를 꼽는다.

성공하면 전략
실패하면 **똥배짱**

"10%만 깎아주면 SE와 계약을 하겠습니다."

"도대체 뭘 믿고 이렇게 배짱을 부리는 겁니까? 네고, 몰라요? 네고."

둘 다 잠재적인 고객과 거래처가 SE에 수없이 했던 말들이다. 이 거래처를 담당하던 영업직원은 거래처와의 우호관계를 고려해서 수락하자는 쪽이었다. 다른 임직원들의 분위기도 크게 다르지 않았다. 왜냐하면 정말 크고 소중한 건이었기 때문이다. 10%를 양보해도 억 대의 수수료를 받을 수 있었다. 욕심이 절로 생길 법도 하건만, 송 대표는 컨설팅 수수료에 대해서는 원칙을 고수하자는 쪽이다.

"SE의 공법을 적용해서 더 큰 이익을 가져가는 쪽은 우리 SE가 아니라 귀사입니다."

"정 그렇게 나온다면 말입니다. 이번 건은 없던 걸로 하겠습니다."

"다른 회사들에는 이런 비율로 수수료를 받았는데 귀사만 할인을 해준다면 다른 회사들은 계약을 잘못해서 덤터기를 쓴 것이 되지 않겠습니까. 가격을 할인해주지 않는 대신 품질은 보증하겠습니다."

이런 대화가 오가면 긴 침묵이 흐를 수밖에 없는데, 거래처와 SE의 계약이 성사된 경우도 있고 당연히 계약이 틀어진 경우도 있다. 한 번 양보를 하면 이 다음에도 또 물러서야 할 것이다. 계약 규모가 크면 클수록 할인해달라는 요구도 커질 테고, 양보는 이번 한번으로 그치지 않고 되풀이될 것이다. 위의 계약은 끝내 성사되지 않았다.

당시 송 대표가 밀고나간 원칙은 신뢰였다. 데이비드 마이스터(David H. Maister)는 『대기심리이론』에서 "언제 서비스를 받을지 모른 채 무턱대고 기다리는 것보다 대기인의 수를 알리는 것이 도움이 된다"는 것과 "불공정한 대기시간이 더 길게 느껴진다"고 주장했다. 그의 주장에 의하면, 불공정이 불만을 낳고 신뢰를 잃게 만든다는 것이다. 서비스에서 평등은 중요하다. 사람은 다른 사람들이 받는 대접과 자신이 받는 대접을 비교해서 뭔가 다르다고 생각되면 그 책임을 자신이 아닌 서비스 제공자에게서 찾으려고 한다. 따라서 서비스는 불만을 가지는 사람들을 최소화해야 한다.

송 대표의 결단은 장기적으로는 옳은 선택이었지만 내부적으로도 수군대는 말이 적잖이 오고갔다. 고객의 입장에서 비용을 더 낮출 수 있는 방안은 없을까, 해법을 찾아봤다. 그래서 SE는 컨설팅을 담당하는 직원이 상주하는 경우와 상주하지 않는 경우로 구분했다. 상주하는 경우에도 고객의 요청이 있을 때에만 컨설팅 직원이 현장 출장을 가는 케이스를 두는 등 세분화했다. 컨설팅 직원이 상주하지 않음으로써 거래처가 비용을 절감할 수 있는 방안을 추가한 셈이다.

특허, 저작권, 컨설팅 등에 대해 비용을 들이는 걸 무척 아까워하는 게 우리나라 사람들의 보편적인 정서이다. 하지만 보이지 않는 무형의 자산이라 해서 무조건 공짜인 양 취급하는 태도는 이제 더 이상은 곤란하다.

SE가 파일시장에 성공적으로 포지셔닝할 수 있었던 비결은 무엇일까. 큰 틀에서 보면 SE의 전략은 '제품의 서비스화'였다. 사실 어쩔 수 없는 선택이기도 했다. 자금에 여유가 없는 SE로서는 공장을 지어 자체 제작할 수 없기 때문에 제품의 서비스화가 필연이었다. 하지만 SE는 제품의 서비스화를 통해서 다른 파일 회사들과 차별화를 이룰 수 있었다. 여기에서 한 가지 명심해야 할 것이 있다. 컨설팅 서비스의 근원이 되는 제품, 즉 선단확장 이엑스티보강판, 소구경강관파일, 고화제 등을 제조하는 업체를 SE는 소홀히 대하면 안된다는 것이다. 만약 보강판과 소구경강관에 불량이 생긴다면 기술이고 컨설팅이고 없다.

일본 미쓰비시연구소 소장이 저서『제조업은 영원하다』에서 어느 국가나 제조업 비중이 20% 이하로 떨어지면 국력이 쇠퇴한다고 지적했을 만큼 제조는 필수 영양소 같은 산업이다. 인간에게 꼭 필요한 재화를 생산해내는 일은 인간이 존재하는 한 사라지지 않을 것이다.

SE가 맨 처음에 가진 것은 보강판이라는 아이디어였다. 이 아이디어가 선단확장 이엑스티보강판이라는 제품이 되었고, 이 보강판이 파일과 결합하면서 선단확장 이엑스티파일이라는 제품이 되었다. 선단확장 이엑스티파일을 판매하기 위하여 기초지반에 대한 컨설팅이라는 서비스를 끼워서 팔았다. 그런데 이 기초지반과 관련된 컨설팅은 고객인 건설사들이 미처 인지하지 못한 수요를 창출하는 '토탈 솔루션'이 되었다. 하지만 현장에서 선단확장 이엑스티파일을 받아들이는 데에는 오랜 시간이 걸렸다. 현장소장들과 기술자들은 신공법과 신기술에 대한 막연한 두려움을 갖고 있었다.

"신공법이 좋은 건 알겠는데, 만에 하나 잘못되면 누가 책임져? SE 혼자만 책임지고 일이 무마된다면 그 공법을 쓰겠는데, 나도 같이 책임을 져야 하잖아?"

그들은 신공법과 신기술을 거부함으로써 위험을 회피하고 굳이 나서서 책임을 감당하려 하지 않았다. 기존에 해온 대로 하면 되지 왜 굳이 새로운 방법을 써야 하는지 도무지 납득하지 못했다. 컨설팅을 하겠다고 나서는 SE 직원들이 그들이 보기에는 자기가 하는 일에 간섭하는 훼방꾼, 잔소리꾼들이었을 뿐이다. 또한 지극히 현실적인 이유가 있었다. 그들은 벤처기업에 불과한 SE가 그리 오래가지 못하고 망할 것으로 예상하고 있었다. 3, 4년이 지나서 당시 서로 얼굴을 붉혔던 현장소장들과 항타사 사장들은 이제 꽤 친해졌다 싶은 SE 직원에게 농담도 툭툭 던진다.

"아직 안 망했어?"

"SE가 이렇게 오래갈 줄 몰랐어."

지금은 웃어넘길 수 있는 농담이지만 당시에는 '마음을 심하게 다치게 하는 언어폭력'이었다. 비단 폭언만이 아니라, 현장에 나간 SE 직원에게 해머를 던지는 등 도를 넘는 위협행위도 있었다.

차별화라는 측면에서는 SAP도 선단확장 이엑스티파일과 크게 다르지 않다. SE는 오랜 연구개발 끝에 강관에 스크류를 부착한 꽤 쓸만한 신제품을 갖게 되었지만, 이 SAP을 히트 상품으로 만들려면 다른 제품과의 차별화가 반드시 필요했다. SE는 SAP(소구경 강관 파일)을 이용해 획기적으로 공사기간을 단축하는 SAP(Speedy construction, easy Access, high caPacity)공법, 즉 서비스까지 함께 만들었다. SE가 등장하기 전에는 대한민국 건설현장에 기초지반에 대한 컨설팅은 없었다고 봐도 무방하다. 비록 제품의 서비스화가 SE의 필연적인 선택이었을지라도, SE의 제품과 컨설팅은 대한민국 건설현장의 진일보에 기여했음이 틀림없다.

성공하면 전략이 맞아떨어진 것이고 실패하면 쓸데없는 배짱을 부린 것처럼 치부된다. SE가 컨설팅 수수료를 할인해 주지 않는 배짱영업으로 고가격 정책을 유지한 것은 결과적으로 성공이었다. 선단확장 이엑스티보강판이라는 제품의 수명주기(Product Life Cycle)를 고려했을 때, 도입기와 성장기에는 고가격 정책을 쓰는 게 유리할 것이라는 예상이 적중한 것이다. 억 단위의 뭉칫돈이었지만, 당장 눈앞의 이익만을 좇지 않았던 게 주효했다.

창업 후 10년이라는 세월이 지난 2014년 현재, 선단확장 이엑스티 보강판은 제품 수명주기상 성숙기에 접어든 것 같다. 그래서 SE는 성숙기가 도래하기 전에 미리 신제품 개발에 힘을 쏟아부었고, SAP이라는 소구경파일로 앞으로 고성장이 예상되는 리모델링 시장에 진입한 것이다.

SAP은 여러 유형의 리모델링 중에서 특히 수직 증축에 아주 효과적이다. 2, 3층을 올리면 자연스레 건물 전체의 하중이 증가한다. 그렇게 되면 애초의 설계하중을 넘어서기 때문에 지반의 지지력을 보강해 주어야 한다. 지상에 이미 묵직한 건물이 존재하고 있기 때문에 그 아래 땅속으로 PHC파일을 추가로 박아 넣는 것은 불가능하다. 이때 안성맞춤인 듯 딱 들어맞는 게 SAP이다. 소형장비로도 시공할 수 있기 때문에 비좁은 공간이어도 상관없다. 층고가 2.3m, 폭이 1m 이상만 되면 시공에 별다른 난관은 없다. 천공과 동시에 강관을 땅속으로 집어넣기 때문에 공사기간도 다른 공법과 비교할 수 없을 만큼 단축된다. 그래서 수직증축 리모델링 공사에 있어서는 SAP이 최상의 대안이라고 감히 자부한다.

참고로 SE는 두 종의 장비를 SAP시공을 위해 2억 원을 들여 제작했다. 연구개발비가 아닌 항목으로는 거액인데, 느닷없이 비용을 들춰낸 이유는 시공의 어려움에 대해 이야기하기 위해서다. 공사현장이 없으면 건설장비는 놀아야 한다. 논다고 하는 것보다는 푹 쉬어야 한다고 하는 게 맞겠다. 고가의 장비가 쉬는 건 박사학위 소지자가 취직하지 못한 채 지내는 것과 마찬가지다. 그리고 SAP은 특별히 강도를 높인 특수강으로 수입을 해야만 한다. 대한민국의 제철소에서 못만드는 게 아니라 국내 수요가 적어 생산을 안 하는 것이다. 그렇다면 수입을 해야 하는데 두 달 가량 걸릴 뿐만 아니라 최소 수량이 정해져 있으므로 재고 부담이 생긴다. SAP에 쓰이는 특수강은 m당 14kg으로 무게도 제법 나간다. 그리고 무엇보다 m당 7만 원 정도 값이 나가니 비싸다. 시공사는 장비와 인력을 보유하고 있어야 하는 고질적인 문제가 있는데, 여기에 재고까지 부담하게 되면 그야말로 큰일난다. 기술개발도 어렵고 기술의 제품화도 어렵지만 시공을 행한다는 것 또한 험로를 걷는 듯 까다롭고 비탈길 오르듯 아슬아슬한 일이다.

SE에서 개발한 소형 SAP 시공장비
폭이 80cm로 좁은 문을 통과 할 수 있다

위의 장비들은 시공을 위하여 SE가 개량한 것이다. 2억여 원이나 들였지만 SE는 이 비용을 불필요한 것이라고 여기지 않는다. SE의 SAP은 신공법이었기 때문에 시공할 수 있는 업체가 없었다. 그래서

SE가 직접 나서서 시공에 필요한 이러한 장비들을 제작할 수밖에 없었다. 연구개발과 컨설팅을 주력으로 하겠다는 SE의 방침은 앞으로도 바뀌지 않을 것이다. 시공전문 업체들에 시공을 계속 맡길 터인데 SE의 이러한 생각은 시공업체와 상생의 길, 비즈니스 파트너들과 윈윈전략이기도 하다. 이런 방식의 협력관계를 통해서 일자리 창출에 조금이나마 기여하고 싶어 하는 게 SE의 마음이다.

참으로 난감했던 아래 일화를 소개하는 데에는 그만한 까닭이 있다. SAP을 처음으로 적용한 곳은 고양시의 호수로 보도육교 가설 현장이었다. 당시 고양시는 꽃박람회를 앞두고 있었는데 호수로는 8차선 대로였다. 8차선 대로를 전면통제할 수는 없는 노릇이었다. 아무튼 교통정체를 일으키지 않으면서 도로 위에 육교를 가설해야 했다. 차선 두 개 이하를 차지하면서도 공사가 가능해야 했다. 그래서 소형 장비로도 시공이 가능한 SAP이 채택되었는데 그냥 쉽게 채택된 게 아니었다. SAP공법에 대한 기술위원회가 열리고 테스트를 거쳤다.

검증을 받겠다고 했는데도 관계자들은 반신반의했다. 지름이 불과 73mm밖에 안 되는 강관 하나가 60t 이상을 버텨낸다는 걸 믿지 못하겠다는 분위기였다. SAP(소구경강관파일)이 땅을 뚫고 들어가 그 안에 자리를 잡았다. 이어 120t 무게의 쇳덩이가 SAP 위에 올려졌다. 테스트는 통상 두 배의 하중으로 실시하니, 120t이 파일 위에 올려졌다. 결과는 놀라웠다. SAP은 부러지지도 않았고 휘어지지도 않았으며 끝까지 120t을 버텨냈다. SE의 임직원들은 기특한 소구경강관파일에 갈채를 보내고 싶은 심정이었다. 마침내 기술위원회가 다시 열렸고 SAP공법으로 시공하기로 결정했다.

공사 첫날 관계자 15명 정도가 참관하러 현장에 왔다. SAP 시험 시공을 하는데 T4라는 에어 해머 앞부분이 그만 떨어져버렸다. 150mm밖에 안 되는 넓이에 깊이가 수 미터나 되는 구멍이어서 장비를 다시 꺼내는 것은 불가능해 보였다. T4의 길이는 2m 정도로 T4의 존재를 무시하고 시공해버릴 수도 없는 참으로 난감한 상황이었다. 장비가 땅속에 빠져버렸으니 다른 곳에 다시 천공을 할 수도 없었다. 떨어져나간 앞부분과 재접합을 여러 차례 반복해서 시도하는 수밖에 없었는데 달리 방법이 없어서 그냥 시간을 좀 끌고 있었다. 그런데 부러진 조그만 쇳조각 하나가 둘 사이에 끼면서 앞부분이 따라서 올라왔다. 그래서 당시 현장에 있던 사람들은 기적적으로 SAP 시공 장면을 볼 수 있었다.

해프닝은 한 번으로 그치지 않았다. 공사가 한창이었을 때 갑자기 유압으로 작동되는 콤프레셔 호스에서 윤활유가 뿜어져 나왔다. 호스가 터져버린 것이다. 미끌미끌한 윤활유가 8차선 도로로 흘러가면서 난리가 났다. 부직포가 긴급 동원되었다. 당시 현장에 있던 모든 사람이 도로를 깨끗이 청소하느라 애를 썼다. 고양시청의 청소를 담당하는 분들까지 애꿎은 땀을 흘려야 했다.

현장에서 시공을 맡은 ○○기업의 실수였다. SE는 그 업체에 실수에 대한 책임을 떠넘길 수도 있었다. 그럼에도 불구하고 이 낯 뜨거운 이야기를 들춰낸다. 이것은 이 우습지도 않은 이야기를 먼 훗날까지 경계로 삼기 위함이다. 이 사건을 안전에 만전을 기하는 계기로 삼아 SE는 시공 현장의 관리감독을 더욱 철저히 하고 있다. 대한민국의 모든 건설현장에서 이와 같은 황당한 사건사고가 두 번 다시 발생하지 않기를 기원한다.

로비를 안 하는 회사?
못 하는 회사?

SE의 영업방침 중에 정말 희한한 것이 하나 있다. 바로 청탁이나 로비를 하지 않는다는 방침이다. 일선에서 영업을 담당하고 있는 직원들의 불만이 적지 않다. 더도 말고 덜도 말고 다른 회사들만큼만 가망 고객에게 접대를 해준다면 훨씬 더 많은 계약 건을 성사시킬 수 있기 때문이다. 로비를 하지 않는 것, 이것은 확고한 영업방침이다. 로비 한번 안 하고 어떻게 사업을 하나, 어떻게 먹고 사나 싶겠지만 SE는 이 원칙을 고수해 오고 있다. 청탁을 하지 않는다는 원칙을 고수하면서도 SE는 현대산업개발이나 호반건설 같은 호의적인 거래처를 확보하고 있다.

또 다른 영업방침이 있는데, SE는 미래가 불투명한 프로젝트, 즉 물품대금의 회수가 불확실한 프로젝트 등 리스크가 큰 경우에는 아예 계약을 하지 않는다. 아쉬움은 있지만 잘못된 계약 한 건으로 SE의

10년 세월을 날려버릴 수는 없는 노릇이다. 장기적으로는 옳은 방향이라고 믿지만, 그동안 고속으로 달려온 SE도 때로는 제자리에서 맴돌기도 한다.

연약지반인 군산지역 파일 공사현장과 장비구성

파일 제조 공장 (전국적인 Biz Partner 공급망 확보)

생각하는 리더
행동하는 리더

리더는 생각을 세 번은 해야 한다. 첫째, 회사 차원에서 일을 판단해야 한다. 둘째, 임직원의 처지에서 숙고해 봐야 한다. 셋째, CEO 본인의 입장을 고려해서 생각해야 한다. CEO에게 희생만을 요구하는 것은 온당치 못한 일이다. 생각을 정리한 다음에는 두말할 필요 없이 행동이다. 행동, 특히 중소기업의 행동에는 원칙이 있다. 약자인 중소기업에서 선택과 집중은 언제나 우선시해야 하는 일이다. 임직원들의 힘을 모으고 모아 회사의 역량을 응집한 다음 단번에 표출시켜야 경쟁에서 유리한 고지를 점할 수 있다. 이 폭발력이야말로 중소기업이 가진 힘의 밑바탕이다.

참으로 민망한 일이지만 SE에도 이런 황당한 실수가 있었다. 창업 초기에 진행된 A프로젝트의 예가는 12억원이었다. 예가란 예정가격의 준말이다. 이 예가는 용역을 발주하는 기관에서 결정하는데, 예가

결정에는 여러 가지 방법이 있다. 예가를 전문적으로 산출하는 곳에 의뢰하거나, 발주기관에서 자체적으로 책정하기도 한다. 때로는 조달청 단가기준을 사용하기도 한다. 예가는 보통 실행가보다 30%정도 높게 책정된다. A프로젝트의 시공사는 보통 예가의 80%인 9억6천만원에 낙찰을 받고, 시공협력사는 8억5천만원에 실행을 하는 구조이다. 그런데 입찰과정에서 견적담당자의 실수와 관계사 담당자들 간의 소통에 착오가 생겨 8억5천만원인 실행가가 예가로 둔갑하는 황당한 일이 발생했던 것이다. 결국 SE는 예가 8억5천만원의 70%인 6억원에 실제 시행을 하게 되어 2억5천만원의 손실을 입게 되었다. 이러한 손실은 창업 초창기의 중소기업이 감당하기에는 너무나 벅찬 일이었다. 만약 시행금액이 훨씬 컸다든지, 자칫 잘못되었다면 회사가 존폐의 위기에 처할 수도 있는 일이었다.

이런 실수는 입찰업무 과정에선 창업 초기 뿐 아니라 언제든지 발생할 수 있는 일이기 때문에 SE는 입찰 단계별로 철저한 관리를 하고 있다. 또한 관계사와 담당자들 간의 소통에 각별히 유의하고 있으며, 임직원들에 대한 정기적인 교육도 실시하고 있다. 송대표는 임직원들에게 컨설팅 회사에 어울리는 전문가다운 자세와 태도를 주문해왔다. 세련되게, 프로답게, 분별있게, 꼼꼼하게, 깔끔하게 일처리하는 모습을 클라이언트들에게 당당하게 보여주자고 했다. 그런데 이렇듯 견적을 잘못 내는 초보적인 실수를 저질렀다니 창피하기 이를 데 없다. 창업 초기에 SE가 한바탕 홍역을 치른 이 일은 두고두고 경계가 될 성싶다.

건설분야
경제민주화와
불공정 갑을관계 개선

　국토교통부가 2013년부터 실적공사비 보완, 발주청의 일방적 계약 금액 조정 등 불공정 관행을 개선했다. 불공정 갑을관계 개선을 통해 건설분야에서도 경제민주화가 점진적으로 이루어질 것으로 기대한다. 이를 위해 국토부는 2013년 1월 건설단체, 발주청 등을 대상으로 민관 합동 TF를 구성하고, 7차례의 검토회의를 거쳐 20개 추진과제를 선정했으며, 그 중 17개 과제를 개선했다. 민·관 합동 TF는 국토부 기술기준과장(팀장), 건설협회, 전문건설협회, 설비협회, 설계협회, 건설산업연구원, 건설기술연구원, 4대 공사(공단), 건설업체(용역업 포함) 관계자 등 총 28명으로 구성되었다.

　개선된 주요 내용을 살펴보면, 그동안 발주기관이 예정가격을 부당하게 삭감하여 발주(설계조정률 적용 등)하거나 설계변경에 따른 계약금액 조정 시 관련법(국가를 당사자로 하는 계약에 관한 법률 등)에 따른 정당한 대가(협의단가[41])를 지급하지 않는 등 발주기관의 우월적 지위에서 적용(시행)했던 위법한 관례 등이다.

2004년부터 도입하여 운용 중인 실적공사비 제도와 관련하여 실적단가가 현실 단가와 현격한 차이가 나는 공사에 대해서는 업계의 의견을 반영하여 실적단가 산정 시 계약단가 외에 시장가격을 추가로 조사하여 반영하는 등 보정 방안을 마련했다. 또한 실적단가 산정 및 건설공사 표준품셈 제·개정 시 객관적이고 공정한 단가산정과 품의 조사를 위해 「실적공사비 단가산정 기준」, 「표준품셈 현장실사 지침」을 제정했다. 실적단가와 품셈의 조사부터 적정성 산정 및 심의에 이르는 전 과정에 민간인 참여를 확대했다.

공사물량이 1일 작업량 미만인 소규모 공사에 대한 할증기준 마련을 위하여 상반기 중 현장실사가 완료된 공사항목은 이번 건설공사 표준품셈 개정에 반영했다. 또 공사비 산정 시 건설기계 가격의 등락에 따른 여건변화를 적기에 반영하여 적정한 공사비 산정을 위해 표준품셈에서 건설기계가격을 분리하여 매년 조사가격을 발표하기로 했다.

최적의 설계로 공사비는 절감하고 기능은 향상할 수 있는 제도가 활성화되도록 '개선제안공법' 관련 지침이 개정된다. 개선제안공법은 공사 중 도급자가 공사비를 절감할 수 있는 대체공법(개선제안공법)을 신청하여 발주청이 승인하면 절감된 공사비의 70%를 시공자에게 지급하는 제도이다. 2013년까지는 사실상 적용사례가 미미한 실정이었다. 앞으로는 개선제안공법 채택에 따른 특혜시비 부담 완화를 위해 중앙(지방)건설기술심의위원회에서도 승인여부를 심의토록 하고 시범사업을 실시하기로 했다.

한편 100억 원 미만 공사의 실적단가 적용배제 등 3개 잔여 과제는 하반기에 예산당국, 전문가 및 발주청의 추가 의견수렴을 거쳐 지속 검토하기로 했다. 특히, 실적공사비는 실적단가보다 낮은 품셈출현 등 제도의 취지가 변질되었다고 보고 원점에서 재검토할 예정이다. 또한 이번 TF에 참여한 건설단체 등의 호응이 높아 당초 상반기까지 운영 예정이던 합동TF를 하반기에도 지속 운영하여 분기별로 관련협회와 함께 개선과제를 발굴하여 개선할 예정이다. 이번 제도 개선에 따라 계약당사자 간 적정가격 거래로 건설업계는 정당한 공사대가를 받을 수 있고 발주기관은 부실공사 우려를 덜 수도 있다. 결과적으로 건설업 전체로는 공사 품질이 향상될 것으로 기대된다.[42]

항상
이기기만 하는
전략은 없다

동일한 전략으로 질 수도 있고 이길 수도 있다. 심지어 한 차례 맞붙은 적이 있는 동일한 상대에게도 그러하다. 가장 큰 요인은 제반 상황이 이전의 경우와 달라지기 때문이다.

SE가 추진한 프로젝트가 모두 성공한 것은 아니다. 그중에는 실패인지도 모르고 그냥 스쳐가듯 지나간 프로젝트도 있고, 개발은 했으나 사업화되지 못한 프로젝트들도 있다. 이 중에서 지반 정보를 네이터베이스화한 후 GPS를 기반으로 지반 설계를 컨트롤하려는 소프트웨어 개발 프로젝트가 있었다. '주상도'[43]라 불리는 지질 조사서를 기반으로 대한민국 전국토의 지하등고선을 한번 그려내겠다는 야심찬 프로젝트였다. 이 DB화가 이뤄졌다면 구조설계사들과 시공사들에 유익하게 쓰일 프로그램이 되었겠지만 아직까지 미완의 아이디어로 남아 있다. 의욕이 앞서 프로그램 개발에 착수했는데 SE의 처지를 제대로 파악하지 못한 오판이었다. 당시 SE의 역량으로 이 시간과 비용을 감당하기에는 무리였다. 아마도 국토교통부 등 국가 차원에서 추진했어야 할 대규모 프로젝트인듯싶다.

백전백승[14]이라는 유명한 사자성어가 있다. 그런데 사실 이 명언은 후대의 과장된 표현에 지나지 않는다. 병법에 통달했다는 손자가 '백전백승'을 섣불리 말했을 리 없다. 원문을 보면 즉시 확인할 수 있는데, 손자는 다만 백번을 싸워도 위태롭지 않을 뿐 승리할 것이라고는 장담하지 않았다. 전쟁에는 적들도 모르고 아군도 미처 파악하지 못한 변수들이 있는 만큼 전쟁의 신이라 할지라도 승리를 마냥 자신할 수는 없다는 가르침일 것이다. 하여튼 현대의 기업 경영에서 백전백승은 적합한 표현이 아니다.

적의 실정을 다 아는 회사는 없다. 여기서 적은 경영환경이 될 수도 있고, 그 회사의 고객이 될 수도 있으며, 때로는 경쟁회사를 가리킬 수도 있다. 오늘날의 경영환경은 어느 일개 기업이 예측할 수 없는 지경이다. 백전백승은 애초부터 불가능하니 실패를 두려워하면 안 된다. 단, 준비는 철저히, 피해는 최소화해야 하는 게 마땅하다. 그 다음 그리할 만한 가치가 있다면 다시 도전하는 게 좋을 것이다.

일회용 카메라의 대명사 격으로 아주 이름난 폴라로이드(Polaroid)라는 회사가 있다. 이 회사의 창업자이자 경영자인 에드윈 랜드(Edwin Land)의 의지는 확고했다. 일회용 카메라 이외의 시장에는 진출하지 않겠다는 것이다. 사업을 확장하지 않는 대신 일회용 카메라시장에 진입한 회사와는 전력을 기울여 끝까지 싸우겠다고 공약했다. 그 결과 폴라로이드사는 일회용 카메라시장을 28년 동안 독점하다시피 했다.

그러던 중 1976년 코닥이 싸움을 걸어왔다. 새로운 일회용 필름과 카메라 출시를 발표한 것이다. 코닥이 특허를 침해했다고 소송을 제기하는 등 폴라로이드는 거세게 반발했다. 1990년 코닥은 폴라로이드사에 약 10억 달러를 지급하라는 법원 판결을 받았고, 일회용 카메라 시장에서 철수했다. 폴라로이드는 일회용 카메라시장의 지배력을 회복했지만 일회용 카메라 시장의 미래는 더 이상 밝지만은 않다. 이후 폴라로이드사는 휴대용 VCR, 필름을 단시간에 인화하는 현상소, 디지털 카메라시장에 도전했지만 성공적인 것은 단 하나도 없었다.[45]

리더만
바라본다

SE가 작은 성이라면 송 대표는 어찌 되었거나 이 성의 대표자, 성주 노릇을 하는 인물인 셈이다. 그는 적절한 비유가 아니라고 한마디로 딱 잡아뗀다. 송 대표는 성주라 쳐도 임직원들을 먹여 살리는 사람은 아니라고 항변한다. 그의 입장은 이러하다.

"임직원들이 일을 해서 그 대가로 스스로가 먹고 사는 것이다. 누군가가 일할 수 있는 환경과 여건을 내가 마련해 놓았다는 걸 부인하지는 않는다. 누군가가 나를 찾아와서 같이 일을 하고 싶다기에 나는 SE라는 자그마한 일터를 제공하고 있을 뿐이다."

구성원들이 손꼽는 SE만의 매력은 무엇일까. 다수가 수긍하는 매력 포인트는 왠지 모를 기대감이었다. 대부분 비전이 있어 보인다, 앞으로도 쭉 성장할 것 같다, 이런 답변이었다. 그렇다면 SE의 임직원들이 바라보는 송기용 대표의 모습은 어떠할까. 그는 운동선수 같은 이상적인 몸매나 건장한 신체의 소유자도 아니다. 한류 스타처럼 멋있게 생기지도 않았고 요새 아이돌처럼 춤과 노래도 잘하지 못한다. 속칭 스카이라 불리는 일류대학을 나오지도 않았다. 송 대표가 영웅들처럼 존경받을 만한 모범적인 인간이 아니라는데 임직원 모두 전적으로 동의할 것이다. 그런데 어느 누구에게나 적용되는 이야기이겠지만, 한 인간에게는 그만의 장점이나 매력이 있기 마련이다.

송 대표는 임직원들과의 술자리에서 이런 얘기를 한 적이 있었다.

"다른 이들처럼 나도 내 앞날을 심각하게 고민해야 했다. 나를 나로, 나답게 만들 수 있는 게 무엇이 있을까. 내가 타인들보다 조금이라도 나은 점, 나만의 장점을 찾아야만 했다. 쉽지 않았다. 내가 나를 객관적으로 들여다보는 건 내가 남을 파악하려 하는 것보다 더 어려운 것 같다. 그러는 사이 시간과 세월은 어김없이 흘러갔다. 고등학교를 졸업하고, 대학교도 졸업하고, 현대산업개발에 취직했다. 진로를 정했어도 나의 뚜렷한 장점은 여전히 모호했다. 그런데 잠자던 나를 어느 날 우연히 뒤흔든 것은 집중력이었다."

SE의 임직원들이 한결같이 느끼는 그의 장점은 일에 대한 열정과 집중력이다.

군이 SE 구성원들의 추켜세움이 없어도 송 대표는 한낱 하나의 생명체에 지나지 않는다. 당연한 얘기인데, 놀라운 것은 그가 대다수의 창업자와 달리 그와 회사를 운명공동체라 생각하지 않는다는 사실이다.

"나에게 내 인생이 있듯 기업인 SE에는 SE만의 삶이 있다고 생각한다. 나와 SE가 같은 길을 계속해서 갈지 그렇지 않을지는 나 자신도 확신할 수 없다."

한편으로는 정말 특이한 듯 들렸지만 그는 감상적인 사람이 아니었다.

삼인행 필유아사

三人行 必有我師

먼 길을 나서면 우리에게 도움이 되는 그 무엇을 발견하게 된다. 그 여정 동안 조우하게 된 그 무엇이 사람이 아닐 수도 있지만. 걷는 일은 스스로의 힘으로 해야만 하는 일이다. 처음부터 어느 누구와 같이 걷기 시작할 수도 있지만.

SE 송 대표는 걷는 것을 좋아한다. 유별나다 싶을 만큼 자주, 그것도 꽤 먼 길을 걸어 다닌다. 중학생 시절, 30여 km를 걷는 방황(?)을 하다가 밤늦게 귀가해서 사람들을 놀라게 한 적도 있다. 회사를 창업한 후에도 잠시 짬이 난다 싶으면 먼 길을 걸으니 그의 지인들은 혀를 내두른다. 대학교 재학 중에는 당시 대학생들의 로망이었던 유럽으로 40여 일 동안 배낭여행을 간 적이 있었다. 케이블카를 타고 스위스 알프스를 올라가다 융프라우 중턱에서 반팔 옷만을 걸치고 네 시간 동안 걸어서 하산을 강행한 경험도 있다. 2013년 4월에는 약 열

홀 정도 섬진강을 따라 도보여행을 나섰다. 섬진강의 발원지인 진안군 데미샘에서부터 광양시 망덕포구까지 여드레 동안 230여 km를 걸었다.

평지를 걷는 일 또한 어쩌면 등산과 대동소이 할 것이다. 그에게 궁금한 것들을 물어보았다.

"힘은 들지만 마음이 시원해지는, 뭐랄까, 정화의 시간이라고 할 수 있을까요. 힘이 들기 때문에 나 자신이 단순해지는 것 같기도 하고 또 뭐랄까, 망각의 효과도 있는 것 같습니다. 오히려 그래서인지 살아 있다는 느낌이 강하게 듭니다. 10시간 동안 걷는다는 건 마치 10시간 동안 재밌는 오락영화를 보는 것과 같습니다. 걷는 그 순간만큼은 잡념이 없어져 좋습니다. 등산은 정상까지 올라가야겠다는 목표, 욕심 같은 게 자기도 모르게 생기잖습니까. 걸어가는 순간에는 나도 모르게 좇아가고 동경하기 마련인 원대한 목표를 군이 만들지 않아도 된다는 게 참 매력인 것 같습니다."

걷는다는 것의 또 하나의 장점은 걸어서 가다 보면 차를 타고 갈 때 보이지 않는 사물들의 속성까지 살펴볼 수 있다는 것이다. 그가 뛰어난 통찰력을 갖고 있어서가 아니라 천천히 걷다 보면 자연스레 디테일한 부분들이 눈에 들어오기 마련이다. 길가에 늘어선 풀과 꽃, 여행자의 신경을 거스르다가 결국 치이고 마는 제법 큼직한 돌멩이, 도로의 포장 상태 등도 눈에 띈다. 여정을 함께하는 이가 있다면 그와의 소통도 평소보다는 더 잘 이루어질 것이다.

먼 길, 머나먼 미래만을 바라보는 것은 아니지만, SE는 10%의 점유율로는 PHC파일 시장에서 안심할 수가 없었다. SE가 1등을 할 수 있는 분야를 또 다시 찾아 나서야만 했다. 약 5년의 준비 끝에 소구경강관파일(SAP)을 완성했고 이후에는 고화제 시장에도 진입했다.

그 이전부터 고화제 시장은 이미 레드오션이었기 때문에 포기하려고 했다. 하지만 컨설팅을 주업으로 하는 회사이다 보니 SE는 기발한 아이디어 하나만큼은 자신 있었다. 궁리 끝에 SE 기술연구소의 엔지니어들은 새로운 공법을 만들었다. SE가 가진 기초설계, 컨설팅, 공법 개발기술을 접목해서 PF공법을 만든 것이다. 공법이 생기니 레드오션 시장에 서서히 푸른 빛이 감돌았다. 신공법은 새로운 제품이나 마찬가지. 블루오션을 스스로 만들어가는 것과 유사하다.

바인더스(Bindearth)를 활용한 PF공법은 파일을 쓰면 낭비가 되는 저층 구조물을 주 타켓으로 하고 있다. 시공사가 파일 대신에 SE가 만든 공법을 사용하면 좋은 까닭은 시공비가 훨씬 싸게 먹히기 때문이다. 참고로 이 PF공법이 적용된 현장은 경주시 신월성에 자리한 한국수력원자력 사택 등이다.

맹자에 따르면 천시(天時), 지리(地利), 인화(人和)가 있는데, 이 셋이 SE에는 기막힌 삼박자였다. 창업 타이밍이 좋았고, 땅의 이점을 살리고 있고, 마지막으로 SE 사람들이 잘 어울렸다.

송 대표가 지닌 강점 중의 하나가 '휴먼 네트워크'이다. 그는 SE를 떠난 사람들과 관계를 저버리지 않았다. 퇴직자 중 상당수가 SE의 업무와 관련된 회사를 차려 지금껏 파트너십을 잘 유지해오고 있다. 그 중 한 명이 시연식 파일리더 대표이다. 그는 SE 설립 당시부터 동고동락한 고교, 대학, 회사 동기동창이다. 2009년 4월 퇴직하여 파일리더라는 회사를 차려 지금껏 협력업체로 SE와 우호관계를 맺고 있다. 벗으로서 교류도 오랫동안 지속되는 셈인데, 요즘 같은 현실에 흔한 케이스는 아니다. 진정한 친구 셋이면 잘 산 인생이라 하지 않던가.

이쯤 해서 송 대표의 바람을 한번 들어보자.

"SE가 가진 공법을 널리 알려 더 많은 현장에 적용시키고 싶을 뿐입니다."

소박하다. 쓰이지 않는 공법은 공법도 아니라는 SE의 모토도 지극히 현실적이다. 조금 더 나아간다면 빚 없는 중견기업, 무차입경영이 바로 SE의 현실에 딱 맞는 목표라 여긴다. 그 다음의 바람이 있다면 향후 5년 이내에 기초지반 분야에서 적어도 두 개는 1등을 하겠다는 것이다. 이를 위해서 SE는 기초지반과 관련된 분야에서만큼은 제법 그럴듯한 포트폴리오를 갖춰두었는데 제 나름대로의 자구책인 셈이다.

SE의 비전은 무엇일까. SE의 비전은 기술가치를 공유하자는 것인데, 현재의 사훈으로 SE의 미래상을 그려보고 싶다. SE의 사훈이라 할 핵심가치는 약속과 실천, 정직과 성실, 미래의 발굴이다. 모든 인간의 행위, 즉 行은 약속으로 통한다는 믿음에서 비롯된다. 약속은 국가에 대한, 회사에 대한, 나에 대한 SE의 존재 가치이다. 때로는 나 스스로에 대한 약속도 약속이며, 이 약속은 반드시 행해져야 한다. 약속은 미래를 기약하는 것이며, 약속이 지켜지는 미래는 SE와 우리 모두가 정직해야 실현될 수 있다.

바다 건너
신천지를 찾아

　베트남은 SE가 보기에는 블루오션으로 보였다. 한창 성장하고 있는 나라인 데다가 해안선이 아주 길다는 점 또한 매력적이었다. 선단확장 이엑스티파일에 대한 수요가 우리나라보다 더 클지 모른다며 기대를 잔뜩 하고 출국을 했다. 공항에 내려서 7시간 동안 비포장 길을 달려가는데 힘든 줄도 몰랐다. 그런데 막상 현지에서 들은 얘기대로라면 선단확장 이엑스티파일이 베트남에서는 영 신통치가 않은 작품이었다. 치밀한 사전정보도 없이 무턱대고 왔지만 이대로 그냥 빈손으로 돌아갈 수는 없었다. 직접 땅을 파봤다. 땅을 파고 또 파고들어가도 보강판을 지지할 수 있는 풍화암이 나타나지 않았다. 결과는 현지에서 들었던 그대로였다. 베트남 연안은 풍화암이 두터운 퇴적층 아래 진짜 깊숙이 묻혀 있었던 것이다. 선단확장 이엑스티파일로 우리나라에서 거둔 성과 이상을 베트남에서 거둘 수 있을 거라는 예상은 보기 좋게 빗나갔다.

SE의 선단확장 이엑스티파일은 기존 파일은 물론 초고강도파일과 대구경파일의 비교우위에 있는 제품이다. 하지만 그 힘의 원천인 보강판은 아주 연약한 지반에서는 신통력을 발휘하지 못한다. 보강판이 지지력을 얻을 수 없기 때문이다. 베트남은 해안선이 길쭉해서 딱이라며 지도를 보고 또 봤는데, 보이는 게 다가 아니라는 말이 실감났다. 그동안의 노하우로 선단확장 이엑스티파일을 베트남에서 천하무적 파일로 만들어보겠다는 야심찬 계획은 어긋나도 한참 어긋났다.

그래서 부랴부랴 전략을 수정했다. 선단확장 이엑스티파일 대신 바인더스로 베트남에 진출하기로 했다. 개발도상국가인 베트남은 고층보다는 저층 건축물의 비율이 더 높은 편이었다. 2000년대 후반 서울산업통상진흥원의 권유도 해외 진출이라는 모험에 한몫했다. 그런데 해외사업은 국내에서보다 해야 할 일이 곱절은 많았다. 베트남에서 실무를 담당하는 현지인과의 원활한 소통은 물론 현지 업체와의 제휴가 필요했고 현지화도 시급했다. 지오 애드(GEO ADD. 2013년 현재 사명은 에스이 애드. SE ADD)라는 현지 법인을 설립했다.

바인더스, 아니 PF공법의 해외진출 사례로는 베트남에 있는 삼성전자 공장 진입로 공사와 쓰레기매립장 두 곳이 있다. 놀랄 만한 성과는 아니지만 아주 의미 있는 현장이다. 쓰레기매립장도 폐기물처리장처럼 침출수가 밖으로 새어나가면 큰일 난다. 그런데 SE의 공법이 적용된 베트남의 쓰레기매립장 옆에는 동남아시아의 젖줄인 메콩강이 흐르고 있다. SE의 바인더스가 동남아시아 사람들의 보물인 메콩 강을 지켜주고 있는 셈이다.

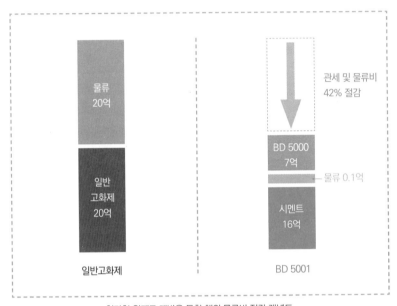

첨가형 원재료 개발을 통한 해외 물류비 절감 개념도

　　이런 성취의 밑바탕에는 BD 5000과 BD 6000의 장점을 취합해 베트남 수출용으로 특화한 BD 5001이 있었다. 시멘트를 현지에서 직접 조달하는 방식을 취함으로써 관세를 아끼고 물류비도 절반으로 절약한 아이디어 상품이다. 제품 단가를 낮춰 경쟁력을 끌어 올렸는데 이 과정에서 SE의 저력이 재차 빛을 발했다. 이렇듯 열심히 하니 미국과 중국 등에서 프로젝트를 본격적으로 추진하는 2014년 이후부터 SE는 해외에서 괄목할 만한 성과를 거둘 것으로 기대된다.

오기(吳起)의 리더십

위(魏)나라의 장군 오기(吳起)는 신분이 가장 낮은 병졸과도 함께 밥을 먹었다. 잠을 잘 때에는 다른 장군들처럼 푹신한 요를 쓰지 않았고 식량을 손수 짊어질 정도로 군사들과 어울렸다.

한번은 병사 가운데 종기를 앓는 자가 있었다. 오기는 이 병사의 고름을 입으로 빨아가며 종기 치료를 도왔다. 나중에 이 소식을 듣게 된 병사의 어머니는 대성통곡을 했다. 어떤 사람이 이상히 여겨 그 연유를 병사의 어머니에게 물었다.

"일개 병사의 신분인 아들의 종기를 오기 장군이 친히 입으로 고름을 빨아줬다는데 어찌 그리 섧게 우는 것이오?"

병사의 어머니가 대답했다.

"그것은 하나만 알고 둘은 모르는 소리입니다. 지난날 오기 장군이 제 남편의 종기를 빨아주는 바람에 그이가 한사코 싸움터에서 뒤로 물러서지 않았답니다. 그러더니 결국 전장에서 죽고 말았습니다. 그런데 이번엔 아들놈의 종기를 빨아줬다니 그 아이가 언제 죽을지 몰라서 우는 것입니다."

결국 오기는 진(秦)나라의 성 다섯 개를 뺏는 데 성공했다. 병사들이 목숨을 아까워하지 않고 열렬히 따르게 만든 오기는 명장일 수밖에 없다. 명장 중에서도 덕장이라 칭송을 받을 만한데, 실은 오기는 비정한 인물이었다.

제나라가 노나라를 공격해 오자 노나라 군주는 오기를 장군으로 삼고자 했다. 그런데 오기의 아내가 제나라 사람이었으므로 반대를 하는 신하들이 많았다. 오기는 자신의 아내를 죽여 노나라 군주에게 충성심을 보였다. 마침내 장군으로 기용된 오기는 제나라를 물리쳤다.[46]

수만 명이나 되는 사람들의 얼굴과 이름을 기억하는 사람은 없을 것이다. 그런데 만약 어느 기업의 대표이사가 수천, 수만이나 되는 직원들의 이름을 모두 알고 있다면 그 회사에 어떤 변화, 어떠한 일이 벌어질까. 궁금하기 그지없다.

SE 창립 10주년을 맞이하며...

SE는 지난 2004년에 원가절감형 이엑스티파일(Ext-Pile)을 개발한 이후 전사적인 역량을 모아 SAP, PF, GCB 등 지반분야의 제품과 공법 개발에 박차를 가해 왔습니다. 이렇게 지속적인 연구개발을 통해 국토교통부 신기술 인증을 획득하는 등 SE는 명실상부 기초·지반 분야에서 종합적인 컨설팅 전문기업으로 성장하였습니다.

2014년은 SE 창립 10주년이 되는 해입니다.
오늘 SE가 국내 최고 수준의 혁신적이고 차별화된 솔루션을 확보하게 되기까지 여러 고객사와 협력사의 도움이 절대적이었습니다. 또한 밤낮없이 동고동락한 직원 모두의 열정과 노력 덕분이었습니다. 모두 고맙고 감사합니다.

10주년을 맞이하며 SE는 2013년 한해 많은 일들을 실행했습니다. 이엑스티에서 SE로 사명을 바꾸어 새로운 CI를 제정하였고, EXT, SAP, PF, GCB 등 대표 제품의 브랜드 디자인도 통합적으로 정비했습니다. 회사 브로슈어와 제품별 카탈로그도 새롭게 제작했습니다. SE 클라우드 시스템을 도입하여 조직간 소통과 업무 효율을 높이기도 했습니다. 더불어 무언가 뜻 깊은 일이 없을까 고민하다가 〈SE 스토리〉를 기획했습니다. 대기업처럼 크고 화려한 사사(社史)에는 감히 견줄 수 없겠지만 중소 벤처기업의 생생한 스토리를 담아냈다고 자부합니다. SE라는 작은 벤처기업이 언제 시작되었고, 어떤 꿈을 꾸었으며, 누구의 열정으로, 무슨 일들을 실행해왔는지. 왜 그토록 절실히 도전하고 실패하고 성취했는지. 지난 10년간의 숱한 사연들을 한 번쯤 정리하여 기록해 둘 필요가 있겠다 싶었습니다. 단 한 분의 독자라도 홍남권 작가의 탁월한 필력으로 생명을 얻은 〈SE 스토리〉를 이해하고 공감해준다면 이 책은 그 사명을 다 한 것입니다.

이제 SE는 대한민국을 넘어 더 넓고 큰 세계시장으로 도약을 준비하고 있습니다. 열정과 도전이 웅축된 글로벌 경쟁력으로 우리의 기술영토를 넓혀가려 합니다. SE는 지구의 피부인 기초·지반을 더욱 탄탄하고 아름답게 만들어가는 진정한 강소기업이 되겠습니다. 세상의 모든 사물과 사람들을 위한 새로운 가치를 만들어내고 싶습니다. 지난 10년간 그러했고 앞으로도 그러할 것입니다.

여러분! 2024년의 SE를 기대해주시길...

감사합니다.

2014년 1월

SE 대표이사 송 기 용

부록

1. SE의 손길이 닿은 현장들

Pile

No.	년도	공 사 명	지역	발주처
1	2004	개봉동 I'PARK	서울	현대산업개발㈜
2	2004	용인수지8차I'PARK	경기	현대산업개발㈜
3	2004	선이인터내셔널 헤이리전시관	경기	주만건설㈜
4	2005	서산동문동 한라비발디 상가	충남	한라건설㈜
5	2005	서울 성동기계공고	서울	보광건설㈜
6	2005	안산디지털 파크	경기	다해엔지니어링㈜
7	2005	부천체육문화센터(골프장)	경기	극동건설㈜
8	2005	구룡포 회타운	경북	㈜성안종합건설
9	2005	거제L동 기숙사	경남	삼성중공업㈜
10	2005	화성동탄5-3BL 두산위브	경기	두산건설㈜
11	2005	AnZ 주식회사 증축	인천	동남건설㈜
12	2005	파주출판도시 기문당 사옥	경기	씨에이건설㈜
13	2005	광주신창지구 A-5BL 남양휴튼	광주	남양건설㈜
14	2005	광주신창지구 B-4BL 남양휴튼	광주	남양건설㈜
15	2005	매탄 주공2단지재건축	경기	두산건설㈜
16	2005	아산북수리 롯데캐슬	충남	롯데건설㈜
17	2005	부산 신괴정동	부산	극동건설㈜
18	2005	군산은파 롯데인벤스가	전북	롯데기공㈜
19	2005	군산미장동 코아루	전북	㈜새한종합건설
20	2005	울산신천동 스타클래스	울산	극동건설㈜
21	2005	화성동탄2-4BL 광명사인빌	경기	광명주택(합)
22	2006	광주충흥동 스타시네마	광주	㈜흥양종합건설
23	2006	남양주신창현 두산위브	경기	두산건설㈜
24	2006	화성동탄 더원아파트	경기	㈜남흥건설
25	2006	용인시 동백지구 주차전용건축물	경기	㈜두손건설
26	2006	안양박달 동원베네스트	경기	동원시스템즈㈜
27	2006	은평뉴타운 1지구A공구	서울	롯데건설㈜
28	2006	목포석현 금호어울림	전남	금호산업㈜
29	2006	춘천동면 두산위브	강원	두산건설㈜
30	2006	거제신현 두산위브	경남	두산건설㈜
31	2006	남양주지금동 한화꿈에그린	경기	㈜한화건설
32	2006	김포장기3BL 이지더원	경기	㈜남흥건설
33	2006	목포옥암지구13BL공동주택	전남	한라건설㈜
34	2006	독산동 ㈜일우정밀 공장	서울	한가람종합건설㈜
35	2006	청주 비하동 대주파크빌	충북	해광건설㈜
36	2006	삼성중공업 거제6안벽 복합관	경남	삼성중공업㈜
37	2006	광주수완지구C8-3BL 새한포유	광주	㈜해솔종합건설

No.	년도	공 사 명	지역	발주처
38	2006	포항 우현지구 금호어울림	경북	금호산업㈜
39	2006	고양시 일산동구 주차전용 빌딩	경기	혜동종합건설㈜
40	2006	부천체육문화센터(스키돔)	경기	극동건설㈜
41	2006	광주수완 C11-2BL 중흥S클래스	광주	중흥건설㈜
42	2006	군산 수송 2지구 I'PARK	전북	현대산업개발㈜
43	2006	부산정관지구 A-16BL 한진해모로	부산	㈜한진중공업
44	2006	진주 장사지구 두산위브	경남	두산건설㈜
45	2007	광명하안 두산위브	경기	두산건설㈜
46	2007	용두2구역 두산위브	서울	두산건설㈜
47	2007	포항양덕 하우스토리	경북	남광토건㈜
48	2007	평택포승면 근린생활시설	경기	㈜다미건설
49	2007	부산정관지구 파밀리에	부산	신동아건설㈜
50	2007	거제 삼성조선소 피솔복합관	경남	삼성중공업㈜
51	2007	성남판교 EG the1	경기	㈜남흥건설
52	2007	삼성전자 동서울 물류센터	경기	영한건설㈜
53	2007	부천 고강고등학교	경기	㈜해서토건
54	2007	부경대학교 기숙사	부산	㈜한진중공업
55	2007	청담18차 레베빌	서울	㈜청랑토건
56	2007	은평뉴타운 2지구 C공구(두산)	서울	두산건설㈜
57	2007	은평뉴타운 2지구 C공구(금호)	서울	금호산업㈜
58	2007	하남풍산 E-MART	경기	신세계건설㈜
59	2007	목운초중학교 BTL	서울	청림기초건설㈜
60	2007	포항효자 SK VIEW 3차	경북	SK건설㈜
61	2007	광주하남2지구 현진에버빌	광주	㈜현진
62	2007	강북구 번동 두산위브	서울	두산건설㈜
63	2007	인천 에코메트로 6BL	인천	㈜한화건설
64	2007	행국초등학교 BTL	서울	신도산업개발㈜
65	2007	행난중학교 BTL	서울	태평양개발㈜
66	2007	송도4-3공구 WELL COUNTY	인천	㈜현진
67	2007	남양주 진접 하우스토리	경기	남광토건㈜
68	2007	마산만 I'PARK	경남	현대산업개발㈜
69	2007	당산동 반도 유보라	서울	반도건설㈜
70	2007	제천 고암동 공동주택	충북	㈜보미종합건설
71	2007	군산수송 세영 더조은	전북	세영종합건설㈜
72	2007	포항장성 두산위브더제니스	경북	두산건설㈜
73	2007	인천 에코메트로 10BL	인천	㈜한화건설
74	2007	인천 에코메트로 7BL	인천	㈜한화건설

Pile

No.	년도	공 사 명	지역	발주처
75	2007	인천 에코메트로 5BL	인천	㈜한화건설
76	2007	평택서정주공 1단지	경기	롯데건설㈜
77	2008	인천 에코메트로 9BL	인천	㈜한화건설
78	2008	능곡고등학교	서울	국제산업㈜
79	2008	양주고읍 A-1BL 한양수자인	경기	㈜한양
80	2008	보국초등학교	서울	㈜만배건설
81	2008	부산연제 롯데캐슬	부산	롯데건설㈜
82	2008	수원망포 현진에버빌	경기	㈜현진
83	2008	청원오송 호반베르디움	충북	㈜호반건설
84	2008	고리 원자력 사옥	부산	극동건설㈜
85	2008	목동 웨딩문화센터	서울	인환건설㈜
86	2008	파주운정12BL 삼부르네상스	경기	삼부토건㈜
87	2008	울산삼산동 한화 꿈에그린	울산	㈜한화건설
88	2008	대전서남부 엘드 수목토	대전	㈜엘드건설
89	2008	신도림고 BTL	서울	청림기초건설㈜
90	2008	SPL 평택 1공장	경기	㈜휴먼텍코리아
91	2008	평택항 마린센터	경기	㈜현진
92	2008	수원매탄 e-편한세상	경기	㈜삼호
93	2008	파주운정18BL 삼부르네상스	경기	삼부토건㈜
94	2008	안성공도 KCC 스위첸	경기	㈜KCC건설
95	2008	인천 오류지구 80BL 어울림	인천	금호산업㈜
96	2008	인천 오류지구 81BL 어울림	인천	금호산업㈜
97	2008	광주봉선2차 남양휴튼	광주	남양건설㈜
98	2008	울산남구 번영로 두산위브	울산	두산건설㈜
99	2008	성수중고교 BTL	서울	희경건설㈜
100	2008	공주대학교 천안캠퍼스 공학관	충남	㈜건구종합건설
101	2008	사천월성리 LIG건영	경남	LIG건영㈜
102	2008	청주사천동 남광 하우스토리	충북	남광토건㈜
103	2008	SK 창원 테크노파크	경남	SK건설㈜
104	2008	은평뉴타운 3지구C공구(2-9블럭)	서울	㈜대우건설
105	2008	파주신도시 전력공급 시설공사	경기	진흥기업㈜
106	2008	평택 쌍용자동차 증축공사	경기	SK건설㈜
107	2008	인천논현 동원베네스트	인천	동원시스템즈㈜
108	2008	양주 고읍지구 A-10BL	경기	㈜한양
109	2008	상계제일중학교	서울	양우건설㈜
110	2008	쌍문초등학교	서울	석원건설
111	2008	연촌초등학교	서울	홍용종합건설㈜

No.	년도	공 사 명	지역	발주처
112	2008	신상계초등학교	서울	국일종합건설㈜
113	2008	광양 브라운스톤 가야	전남	이수건설㈜
114	2008	영남권 내륙 화물기지	경북	금광기업㈜
115	2008	천안 청수 한양수자인	충남	㈜한양
116	2009	해운대 우동 I'PARK	부산	현대산업개발㈜
117	2009	장지고등학교 BTL	서울	율하건설㈜
118	2009	GS 교보데이터 센터	인천	GS건설㈜
119	2009	숭실대 기숙사	서울	㈜중앙기초연구소
120	2009	군산수송 제일 오투그란데	전북	㈜제일건설
121	2009	광육 재건축 아파트	경기	㈜한진중공업
122	2009	화성시 종합경기타운	경기	현대건설㈜
123	2009	인천학익지구 두산위브	인천	두산건설㈜
124	2009	행정도시정부청사 1단계	충남	계룡건설산업㈜
125	2009	운산초등학교 BTL	경기	㈜동성씨엘비건설
126	2009	광덕제이초등학교 BTL	경기	㈜대영기초
127	2009	풍무중학교 BTL	경기	㈜케이씨건설
128	2009	창원 MWC - PROJECK	경남	㈜서브원
129	2009	청원오송 LG생명과학	충북	㈜서브원
130	2009	군산 비응도 근린생활시설	전북	성산건설㈜
131	2009	진주시 여성가족 종합문화회관	경남	㈜우영종합건설
132	2009	파주 LG 기숙사	경기	㈜서브원
133	2009	중앙대학교 병원 별관	서울	㈜대평건설
134	2009	SPL 평택 공장 증축	경기	한일건설㈜
135	2009	광명 소하 E-Mart	서울	신세계건설㈜
136	2009	서울아산병원 기숙사	서울	현대산업개발㈜
137	2009	강남자원회수시설 부속건축물	서울	천영건설㈜
138	2009	부천 약대2구역 주택재개발	경기	두산건설㈜
139	2009	청라 SK VIEW	인천	SK건설㈜
140	2009	남양주 별내 I'PARK	경기	현대산업개발㈜
141	2009	부천 약대1구역 주택재개발	경기	두산건설㈜
142	2009	동서학원 센텀시티 R&D타운	부산	경동건설㈜
143	2009	서남권 야구장	서울	현대산업개발㈜
144	2009	판교 테크노밸리	경기	삼환기업㈜
145	2009	김포화성 파크드림	경기	화성산업㈜
146	2009	군산 송정타워써미트	전북	에스제이써미트(유)
147	2010	군산 푸른솔초 교사	전북	㈜금강건설
148	2010	남양주 별내지구 쌍용예가	경기	쌍용건설㈜

Pile

No.	년도	공 사 명	지역	발주처
149	2010	남양주별내 대원칸타빌	경기	㈜대원
150	2010	군산 미장초 교사	전북	㈜우미
151	2010	영종 신명스카이뷰 주얼리	인천	신명종합건설㈜
152	2010	대전 도안신도시 13블록 예미지	대전	㈜금성백조주택
153	2010	행복도시 2단계 건립공사	충남	현대건설㈜
154	2010	국립과학수사연구소 남부분소	경남	㈜덕산토건
155	2010	부산정관 A-3블럭 이지더원	부산	㈜남흥건설
156	2010	서산 동문동 미지엔	충남	㈜신한
157	2010	인천청라지구 상록 10BL, 32BL	인천	현대건설㈜
158	2010	인천논현 유호 N-CITY	인천	유호건설㈜
159	2010	영종 하늘도시 동보 노빌리티	인천	㈜동보주택건설
160	2010	망포4블럭 임광 그대가	경기	임광토건㈜
161	2010	광명 역세2중	경기	신동아건설㈜
162	2010	포항효자 한솔솔파크	경북	한솔건설㈜
163	2010	군산 문화예술회관	전북	㈜대우건설
164	2010	군산공설시장 시설현대화	전북	㈜조광항타
165	2010	남양주별내 하우스토리	경기	남광토건㈜
166	2010	이문동 대성 유니드	서울	대성산업㈜
167	2010	광교신도시 에듀타운 A-12BL	경기	현대건설㈜
168	2010	오송 캠퍼스 2단계 플랜트	충북	㈜서브원
169	2010	김포한강신도시(AB-7블록)	경기	현대건설㈜
170	2010	동양지구 우남 푸르미아	인천	우남건설㈜
171	2010	벡스코 시설확충사업	부산	현대건설㈜
172	2010	송도사이언스빌리지 스트리트몰B	인천	㈜대우건설
173	2010	여주군 여성문화회관	경기	㈜태성종합건설
174	2010	KIST 전북분원 복합소재기술연구소	전북	남화토건㈜
175	2010	수원 정자동 SKY VIEW	경기	SK건설㈜
176	2010	해운대 AID 재건축	부산	현대건설㈜
177	2010	센텀 협성르네싱스타운	부산	㈜협성종합건업
178	2010	구미LG 실트론	경북	㈜서브원
179	2010	구리 도매시장 다목적경매장	경기	오성건설
180	2010	평택 소사벌 효성	경기	㈜효성
181	2010	SPL 미분공장 증축	경기	현성건영㈜
182	2010	송도 자동집하시설	인천	포스코(광명)
183	2010	이의제5중학교 BTL	경기	대창기업㈜
184	2010	국립해양생물자원관	충남	대우조선해양건설㈜
185	2010	남양주별내 우미 A18블럭	경기	㈜우미토건

No.	년도	공사 명	지역	발주처
186	2010	이의제7초등학교 BTL	경기	경남기업㈜
187	2010	익산모현 e편한세상	전북	㈜삼호
188	2010	화성 조암지구 도시개발사업	경기	한라건설㈜
189	2010	가산코츠디앤디 아파트형공장	서울	한라건설㈜
190	2010	명선초등학교	인천	㈜영동건설
191	2010	광주수완지구 EG the1	광주	㈜남흥건설
192	2010	행정도시 정부청사 1-2	충남	㈜포스코건설
193	2010	곡반2초등학교	경기	CNC종합건설㈜
194	2010	송도글로벌캠퍼스 RM1	인천	㈜대우건설
195	2011	청라 근린생활시설 C13-2-1	인천	삼목종합건설㈜
196	2011	여수 신월동 연도관광호텔	전남	㈜천부건설
197	2011	군산 은방울초등학교	전북	호원건설㈜
198	2011	한국몰렉스 안산공장	경기	㈜대우엔지니어링
199	2011	청주 율량2지구 B-1BL	충북	㈜대원
200	2011	부산정관지구 A-6블럭 EG the1	부산	㈜남흥건설
201	2011	신정동 근린생활시설	서울	동명건설㈜
202	2011	현대제철 직장주택조합	충남	현대엠코㈜
203	2011	양평 IS 비즈타워	경기	아이에스동서㈜
204	2011	양평 스타클래스 골프장	경기	강산건설㈜
205	2011	양산동원로얄듀크	경남	동원개발㈜
206	2011	아모스공장 신축공사	경기	상지건설㈜
207	2011	상암 MBC 신사옥	서울	현대산업개발㈜
208	2011	김해율하지구9BL	경남	㈜삼호
209	2011	아시아경기대회 주경기장	인천	충호건설㈜
210	2011	평택도일동 물류센터	경기	대림산업㈜
211	2011	춘천시 사농동 공동주택	강원	금강종합건설㈜
212	2011	명선고등학교	인천	대양종합건설㈜
213	2011	양산물금 대방노블랜드	경남	대방건설
214	2011	목포옥암지구12BL	전남	우미건설
215	2011	대전도안지구15BL 현산	대전	현대산업개발㈜
216	2011	청라C11-1-7BL 근생	인천	우리종합건설
217	2011	포스코 포항제철소 Finex	경북	(주)포스코건설
218	2011	영등포구 대림동 오피스텔	서울	(주)정마종합건설
219	2011	수산물 수출가공 선진화단지	부산	㈜대우건설
220	2011	부원료야드 옥내 저장설비	경북	동양종합건설
221	2011	군산 Best Western호텔	전북	㈜신세계토건
222	2012	대전도안2BL 호반	대전	호반건설㈜

Pile

No.	년도	공 사 명	지역	발주처
223	2012	대전도안17-2BL 호반	대전	호반건설㈜
224	2012	청주율량2지구 3BL 대원	충북	㈜대원
225	2012	대전 도안지구17-1BL 계룡	대전	계룡건설산업㈜
226	2012	대전 도안 신도시 7BL	대전	㈜금성백조주택
227	2012	송담대 학생편익시설	경기	신한건영㈜
228	2012	전주-완주혁신도시 12BL	전북	우미건설
229	2012	안양한국의류시험연구원	경기	양우건설㈜
230	2012	양산물금지구 양우내안애	경남	양우건설㈜
231	2012	세종외국어 고등학교 BTL	충남	활림건설
232	2012	오송 커뮤니케이션 및 벤처센터	충북	신한종합건설㈜
233	2012	천안 두정동 도시형생활주택	충남	흥한건설
234	2012	광주 주월동 호반베르디움	광주	호반건설㈜
235	2012	광주첨단2지구 A-4블럭 호반	광주	호반건설㈜
236	2012	광주첨단2지구 A-8블럭 호반	광주	호반건설㈜
237	2012	전북혁신도시 B-11BL 호반	전북	호반건설㈜
238	2012	통영 무전동 아파트	경남	㈜신우종합토건
239	2012	한국 전력공사 본사 신사옥	전남	㈜대우건설
240	2012	화성 병점 오피스텔	경기	㈜효성
241	2012	고흥 나로도항 여객터미널	전남	㈜세정건설
242	2012	나주 한전 KPS 본사 신사옥	전남	계룡건설산업㈜
243	2012	천안 삼성어린이집	충남	삼성중공업㈜
244	2012	안산신길 I'PARK	경기	현대산업개발㈜
245	2012	김해구산동,삼계동I'PAR	경남	현대산업개발㈜
246	2012	인천 구월보금자리주택 1공구	인천	울트라건설㈜
247	2012	인천 구월보금자리주택 3공구	인천	남양건설㈜/일성건설㈜
248	2012	수원 전자소재연구단지	경기	삼성물산㈜
249	2012	나주 국립전파연구소	전남	남광건설㈜
250	2012	나주 농수산물 유통공사	전남	에이스종합건설㈜
251	2012	전북혁신도시IC-7블럭	전북	호반건설㈜
252	2012	아산 용화지구 A2블럭 I'PARK	충남	현대산업개발㈜
253	2012	세종시 M6블럭 호반베르디움	충남	호반건설㈜
254	2012	상암MBC신사옥 판매시설	서울	현대산업개발㈜
255	2012	울산 우정지구 C-1BL	울산	아이에스동서㈜
256	2012	평택 경동나비엔 신공장	경기	포스코엔지니어링
257	2012	화성 삼성전자 남문주차빌딩	경기	삼성에버랜드
258	2012	청주 지웰시티2차	충북	두산건설㈜
259	2012	송파 군자녀 기숙사	서울	대보실업

No.	년도	공 사 명	지역	발주처
260	2012	대전 둔산동 숙박시설	대전	재현건설
261	2012	거제 아주동 e-편한세상	거제	㈜삼호
262	2012	카길코리아 평택항 사료공장	경기	태영건설
263	2012	이천시 안흥동 주상복합	경기	이수건설㈜
264	2012	ECH/전해 증설공사	울산	이테크건설
265	2012	청주 율량2지구6블럭 칸타빌	충북	㈜대원
266	2012	광주 상무지구 진아에코시티	광주	진아건설
267	2012	파주 오뚜기 식품공장	경기	성일건설산업
268	2012	진주 국방기술품질원	경남	남양종합건설
269	2012	전주 동산동 써미트아파트	전북	㈜삼목토건
270	2012	전주혁신도시C-13블럭	전북	호반건설㈜
271	2012	대전 노은3지구 계룡리슈빌	충남	계룡건설
272	2012	군산 수송동 831-2번지	전북	금아건설
273	2012	영등포동 1가 28 복합시설	서울	지엘건설
274	2012	양산물금지구 51BL	경남	대방건설
275	2012	양산물금지구 52BL	경남	대방건설
276	2012	세종시 1-3생활권 L2블럭	충남	호반건설㈜
277	2012	안동 옥동 3블럭 호반베르디움	경북	호반건설㈜
278	2012	거제 고현 e-편한세상	경남	(주)삼호
279	2012	울산 우정지구 C-2BL	경북	호반건설㈜
280	2012	파주 운정신도시 벧엘교회	경기	TEC건설
281	2012	동해시 해안지구 코아푸아파트	강원	금강종합건설㈜
282	2012	일진머티리얼즈 함열증설공장	전북	삼영토건
283	2012	광주 선운지구 EG-the1 5BL	전남	㈜라인
284	2012	광주 선운지구 EG-the1 7BL	전남	㈜남흥건설
285	2012	안양베네스트클럽하우스	경기	삼성에버랜드
286	2012	세경하이테크 공장	경기	동우토건
287	2012	천안 백석4지구 공동주택	충남	현대산업개발㈜
288	2012	NIFCO KOREA 아산 신공장	충남	두성종합건설
289	2012	화성동탄A22블럭 호반	경기	호반건설㈜
290	2013	마산메트로 CITY 2단지	경남	태영건설
291	2013	시흥군자 도시개발사업8단지	경기	호반건설㈜
292	2013	청라C11-1-8BL 근생	인천	현수건설
293	2013	안양석수잘만테크연구소	경기	이화공영
294	2013	산청 삼한 아파트 신축공사	경남	삼한종합건설
295	2013	㈜엑시콘 천안공장	충남	도혜종합건설
296	2013	한국전기 안전공사 신사옥	전북	대림산업㈜

SE의 손길이 닿은 현장들

Pile

No.	년도	공 사 명	지역	발주처
207	2013	첨단 2초등학교	인천	영동건설
298	2013	행정중심복합도시1-5생활권C1-3BL	충남	재현건설
299	2013	시흥배곧SK건설 공동주택7BL	경기	SK건설㈜
300	2013	신동탄 SK VIEW PARK	경기	SK건설㈜
301	2013	장현중학교 신축공사	서울	아이에스동서㈜
302	2013	녹색기술연구동 건설공사	대전	신진종합건설
303	2013	카이스트 기숙사 신축공사	대전	재현건설
304	2013	한국 농수산대학 지방이전사업	전북	남영건설
305	2013	인천 행정타운 JST 건립공사	인천	대우산업개발
306	2013	신도림동 민영 임대아파트	서울	HDC아이엔콘스
307	2013	화성 동탄(2) A-30블럭 호반	경기	호반건설㈜
308	2013	남양주 월산4지구 공동주택	경기	㈜효성
309	2013	강원도 삼척시 건지동아파트	강원	우남건설㈜
310	2013	세종시 첫마을 미르 유.초등학교	세종시	해유종합건설㈜
311	2013	세종시 당암초등학교	세종시	㈜신우건설
312	2013	가재울뉴타운 제4구역 재개발아파트	서울	현대산업개발㈜
313	2013	세종 행정중심복합도시 1-4 L1블럭	세종시	남흥건설(라인)
314	2013	세종시 연양 유.초등학교	세종시	㈜케이원산업
315	2013	세종시 고정중.고등학교	세종시	송산종합건설㈜
316	2013	서울시 강일동 자동차관련 시설	서울	타임종합건설
317	2013	세종시 당암 유치원	세종시	대림건설㈜
318	2013	카이스트 학생회관 신축공사	대전	연암종합건설
319	2013	나주 KEPCO 본사 통합 ICT센터	전남	대우건설
320	2013	디에스이엔지 수원공장	경기	하나산업개발
321	2013	익산시 어양동 e편한세상	전북	㈜삼호
322	2013	수원 AK테크공장	경기	㈜대양기초건설
323	2013	세종 행정중심복합도시 1-4 L7블럭	세종시	남흥건설(라인)
324	2013	로얄앤컴퍼니 화성공장	경기	STX건설
325	2013	의정부 경기도교육청 북부청사	경기	덕전산업개발㈜
326	2013	군산미장지구 A2BL I'PARK	전북	현대산업개발
327	2013	세종시 양지유.초등학교	세종시	아이누리건설
328	2013	남양주별내 A2-1BL I'PARK	경기	현대산업개발㈜
329	2013	세종시 고정초등학교	세종시	신명종합건설
330	2013	2015 광주U대회 다목적체육관	광주	진흥기업
331	2013	순천 오천 A-1BL 호반	전남	호반건설㈜
332	2013	청주 율량2지구 8BL 대원칸타빌	충북	㈜대원
333	2013	양산물금37블럭 대방노블랜드	경남	대방건설

No.	년도	공 사 명	지역	발주처
334	2013	당산동4가2지역 주택조합아파트	서울	이수건설
335	2013	대농2지구 1-A 두진 하트리움	충북	두진건설
336	2013	백양산 동문 굿모닝힐 아파트	부산	동문건설
337	2013	천안 차암동 e편한세상 스마일시티	경기	(주)삼호
338	2013	세종시 1-1생활권 L8블럭	세종시	호반건설(주)
339	2013	한국광물자원공사 신사옥	강원	동진건설(주)
340	2013	수원 제2체육관 건립공사	경기	성토건설
341	2013	국민건강보험공단본부 신사옥	강원	동광건설(주)
342	2013	국직 계룡대 관사 민간투자 시설	충남	계룡건설산업(주)
343	2013	고양삼송지구 A-20블럭 I'PARK	경기	현대산업개발(주)
344	2013	군포시 노인복지관 및 도시보건지소	경기	(주)군장종합건설
345	2013	세종시 하이텍고 기숙사	세종시	일주산업개발
346	2013	세종시 감성초등학교 교사 개축공사	세종시	동광건설(주)
347	2013	구미 제일모직 공정동 증축공사	경북	(주)삼진중건설
348	2013	부산 정관지구 A-5블럭 공동주택 이지더원아파트	부산	(주)라인
349	2013	세종시 고정 유치원	세종시	에버다임
350	2013	인천 남동우체국 건립공사	인천	대화이앤씨
351	2013	밀양문화예술회관 건립공사	경북	상익건설
352	2013	춘천 장학초등학교	강원	(주)동서
353	2013	서남권 야구장 건립공사 2차 (주차장)	서울	현대산업개발(주)
354	2013	국립서울병원 현대화 재건축	서울	한진중공업
355	2013	광주 첨단 AM-City 센트럴파크	광주	거동건설
356	2013	강릉 우체국 건립공사	강원	(주)코렉스
357	2013	명지 국제업무지구 B4블럭 호반베르디움 신축공사	부산	호반베르디움

SE의 손길이 닿은 현장들

SAP

No.	년도	공사 명	발주처
1	2011	고양시 호수로 보도육교 설치공사	고양시청
2	2011. 11	화성 조암지구 공동주택	한라건설
3	2012. 01	(주)종근당 천안공장 강당 및 부대시설 리모델링 공사	(주)종근당
4	2012. 09	성남여주복선전철 방호벽시설	삼성물산
5	2012. 07	진달래재건축아파트	삼성건설
6	2012. 06	현대기아차 기술연구소내 상용차 환경챔버에바콘 기초공사	현대기아차
7	2012. 07	국방과학연구소 해미시험장 액체가스 탱크기초공사	국방과학연구소
8	2012. 09	현대자동차 남양연구소 수밀시험동 및 수밀시험로 펌프장 신축공사	현대기아차
9	2013. 04	송도 센트럴파크호텔 신축공사	동원건설
10	2013. 01	청담동 청구아파트 I'PARK 리모델링공사	현대산업개발
11	2013. 04	삼성전자 소재연구단지내 가스저장고	삼성물산
12	2013. 05	현대자동차 남양연구소 친환경 폐차장 증축 공사	현대자동차
13	2013. 08	LG 하이프라자 파주점	교원종합건설
14	2013. 08	구로동 미니하우스 신축공사	유창건설
15	2013. 09	동서발전 본사사옥 건립 신축공사	한국동서발전
16	2013. 09	현대자동차 남양연구소 물탱크 기초 공사	현대자동차
17	2013. 10	한라 은평뉴타운 3-12BL	(주)한라
18	2013. 11	이리송학초등학교 교실증설 및 급식실 개선공사	엘림건설
19	2013. 11	진주 경상대학병원 신축공사	대림산업
20	2013. 11	세종시 고정초등학교 신축공사	신명종합건설
21	2013. 09	호남 고속철도 정읍역사	지엔피건설
22	2013. 11	현대자동차 SAMPLE CAR 관리사무실	현대자동차

GCB

No.	년도	공 사 명	발주처
1	2002.05	하천바닥 차수 및 사면 보강시설	부산시 영덕군
2	2002.08	신길동 백록담 B/D 외벽 보수보강	백록담빌딩
3	2002.01	동원대학 옥상방수	동원대학
4	2003.07	㈜인천정유 옥상방수	인천정유 및 건설사
5	2003.01	여주시 하천폐수 정화 시설내 배수로공사	환경관리공단
6	2004.06	광주시 풍암저수지 재방보수	한국농촌공사
7	2007.01	화성 금당골프장 연못차수 및 배수로공사	동인건설
8	2008.02	말레이시아 농업배수로 시설	말레이시아
9	2008.09	염색폐수시설	시화염색조합
10	2008.01	지하대수로 보수보강 (1,2차)	한국농촌공사
11	2008.11	영암 수로교 및 용수시설	한국농촌공사
12	2009.04	영암 수로교 및 용수시설	한국농촌공사
13	2008. 09	시화 염색공단 염색폐수시설 보수공사	시화염색조합
14	2008. 09	지하 대수로 보수보강공사	한국농어촌공사
15	2009. 04	영암 수로교 및 용수시설 보수공사	한국농어촌공사
16	2010. 09	한국수자원공사 구미 노후밸브실 보수공사	한국수자원공사
17	2011. 01	김포 농수로 보수공사	김포시/농어촌공사
18	2011. 02	여과지 관람실 벽체 및 정수거 보수공사	한국수자원공사
19	2011. 03	평택 배수장 및 파이프관 보수공사	한국농어촌공사
20	2011. 03	부천시 하수종말처리장 지하터빈실 바닥벽체 보수공사	부천시
21	2011. 03	파주 참수관 누수 및 파손부위 보수공사	한국농어촌공사
22	2011. 04	김포 배수로 보수공사	김포시/농어촌공사
23	2011. 05	수자원공사 안양천 밸브실 방수 및 보수공사	한국수자원공사
24	2011. 06	서대문 한양아파트 보수공사	한양아파트 조합
25	2011. 06	주성산업 옥상 보수 및 방수공사	㈜ 주성산업
26	2012. 03	하월곡동 유량계실 보수 및 방수공사	중부수도사업소
27	2012. 05	북악터널 배수지 보수공사	중부수도사업소
28	2012. 05	한국수자원공사 천안사업소 By-Pass관 방수 및 보수	수자원기술㈜
29	2012. 05	한국수자원공사 구미사업소 By-Pass관 방수 및 보수	수자원기술 ㈜
30	2012. 06	종로2가 유량계실 슬리브 방수 및 보수	중부수도사업소
31	2012. 10	중랑천 밸브실 방수 및 보수	중부수도사업소
32	2012. 10	낙산배수지 외벽 보수공사	중부수도사업소
33	2013. 04	한국수자원공사 천안사업소 슬리브 보수공사	수자원기술㈜
34	2013. 05	한국수자원공사 울산사업소 밸브실 및 관 보수공사	수자원기술㈜
35	2013. 05	한국수자원공사 사천사업소 노후구조물 보수공사	수자원기술㈜
36	2013.09	하남시 환경기초시설 공원조성 내 구조물 방수공사	GS건설

Point Foundation (BINDEARTH)

No.	년도	공사 명	발주처
1	2012-01	목포 옥암지구 우미 파렌하이트 신축공사	우미건설
2	2012-01	송도 한일과학관 연구소 신축공사	태성종건
3	2012-02	남창원 농협 주차장 신축공사	극동건설
4	2012-02	베트남 붕타우 폐기물 매립장(BD 5000)	알파화성
5	2012-05	군산 폐기물 처리시설 공사	골든포우
6	2012-05	울산 폐기물 처리시설 공사	골든포우
7	2012-06	부산 영도 성우펠리체리움 신축공사	대명토건
8	2012-06	다이후쿠코리아 기술연구소 신축공사	아이엠지건설
9	2012-07	신월성 직원사택 신축공사	한라건설
10	2012-12	코리아써키트 증축공사	코리아써키트
11	2013-01	신도림동 오피스텔 신축공사	하이원지앤씨
12	2013-01	광주선운지구 EG-the 1 아파트 신축공사 中 단지내 표층 지내력 보강 공사	현대자동차
13	2013-09	온양 6동 주민센터 및 주민자치센터 건립공사	태양종합건설
14	2013-10	공항동 구립 어린이집 신축공사	파인트리환경산업
15	2013-10	용인어정초등학교 신축공사	서해건설
16	2013-10	삼성건설 마포현석2지구	삼성건설
17	2013-11	동대문구 신설동 근린생활시설	라온건설

2. SE 연혁

2004.05	이엑스티 유한회사 설립
2004.05	Ext-Pile 최초 시공 적용
2004.06	Ext-Pile 기술서적 5권 출간
2004.07	성균관대학교와 산학협동 연구개발 추진
2004.08	헤드확장형 파일 관련 국내특허 다수 출원
2005.03	한국경제신문 '건설업계 신선한 바람' 기사
2005.03	벤처기업 인증
2005.04	산학 협동 연구 진행
2005.04	이엑스티 상표등록
2005.04	전문건설업 등록 (비계.구조물 해체공사업)
2005.05	전자신용 인증서 획득
2005.06	현대산업개발 품질 경연대회 대상 수상
2005.08	본사 사옥 이전 (가산디지털단지 우림라이온스밸리)
2005.11	한국산업기술진흥협회 가입
2005.11	이엑스티 연구개발부 설립
2005.12	한양대 초대형 연구실과 Ext-Pile 성능시험 완료
2006.01	헤럴드경제 품질혁신부문 오피니언리더 대상 수상
2006.03	MBN 작지만 강한 기업 방영
2006.03	시사매거진 '혁신적인 Ext-Pile로 믿을 수 있는 파일 시공한다' 기사
2006.06	세계명품브랜드 명품기술부문 대상 수상
2006.07	MBN 톡톡아이디어 방영
2006.10	품질경영시스템 인증서 획득
2006.12	'2006 대한민국 건설문화대상' 전문.건설부문 대한주택공사장상 수상
	'2006 대한민국 건설문화대상' 건설기자재부문 건설교통부 장관상 수상
2007.04	(사)한국건축구조기술사회 기술인증서 획득
2007.05	기술혁신형 중소기업(INNO-BIZ) 인증
2007.07	2007 대한민국 건설기술상 수상
2007.07	본사 사옥 이전(가산디지털단지 월드메리디앙 2차)
2007.08	대한건축학회 건축연구소 건축성능인증서 획득
2007.10	벤처기업부문 중소기업청장상 수상
2007.10	이엑스티 주식회사 전환
2007.11	글로벌 벤처출정식 참가
2007.12	복지TV 투데이 생생정보 방영
	SBS '중소기업 ~ 대한민국의힘' 방영
2008.05	기업부설연구소 설립
2008.05	MBN 뉴스투데이 방영
2008.07	2008 대한민국건설기술상 종합대상 수상
2008.09	2008년도 특허기술 이전 / 사업화 성공사례 발표회 지식경제부장관상 수상
2008.10	신기술대전 / 인프라텍2008 참가
2008.12	대한민국 LOHAS 인증서 획득

2009.01	SAP개발 / 산학협력연구개발 협약체결 (한라건설, 현대산업개발, 시지엔지니어링)
2009.04	종합경기타운(화성시/현대건설) 기술제안 입찰수주
2009.04	Ext-R 개발 / 국내특허 출원
2009.05	제44회 발명의 날 기념 표창장 수상
2009.07	세라믹 혼화제(지반개량재)관련 특허이전
2009.08	Pile 부문 미국 특허증 획득
2009.09	제10회 중소기업기술혁신대전 참가
2009.09	기술혁신대전 국무총리상 수상
2009.11	한국구조물진단 유지관리 공학회 기술상 수상
2010.01	나눔적립금 제도 시행
2010.02	행복도시 첫마을 B3BL (LH공사 / 현대건설) 기술제안 입찰수주
2010.03	사회공헌 활동 자치회 조직
2010.03	Ext-R 아이에스동서 협약
2010.03	Ext-R Pile 개발 / 최초 시공 적용
2010.04	MBC 성공의 비밀 방영
2010.05	현장발생토 활용 충전재 연구 컨소시엄
2010.05	섭리의 집 꽃꽂이 나눔활동
2010.05	광교 에듀타운 12BL (경기도시공사 / 현대건설) 기술제안 입찰수주
2010.06	벡스코시설 확충사업(벡스코 / 현대건설) 기술제안 입찰수주
2010.07	김포한강신도시 AB-7BL (경기도시공사 / 현대건설)기술제안 입찰수주
2010.08	G-star 토양 고화제 개발
2010.09	SAP 특허 출원
2010.09	국토해양부 기술사업화 지원사업 선정
	: 매입말뚝 천공 시 발생하는 슬라임의 현장 재활용 및 폐기물 최소화 기술의 상용화
2010.09	2010 한국 국제인프라 기술전 참가
2010.10	물산업 기술혁신상 수상
2010.11	바인더스 재료특허 및 연약지반 처리 특허 출원
2011.01	GCB특허획득 (지오세라믹매트공법 개발)
2011.01	MTN '희망강국코리아' 이엑스티 방영
2011.01	고양시 '호수로 보도육교' SAP공법 최초 시공 적용
2011.03	경향하우징페어 참가
2011.03	베트남건축자재전시회 'VIETBUILD' 참가
2011.03	물관리 심포지엄 제주도지사상 수상
2011.03	금천구 독산동 독거노인 집수리 나눔활동
2011.03	지구촌공생회 미얀마 포니깡 마을 물탱크 건립사업 후원
2011.04	'최근 10년 한국토목사' Ext-Pile 기술 수록
2011.05	산외초등학교 소년일보 지원
2011.06	제5회 먹는물 수질향상 우수사례 발표회 환경부장관상 수상
2011.06	한국무역협회 회원가입
2011.07	SAP 압축용 / 인장용 개발 및 런칭
2011.07	BINDEARTH 개발 / 최초 해외 수출 (베트남)

2011.08	Pile 부문 해외 홍콩특허 획득
2011.08	혜명노인센터 나눔활동
2011.08	제로에너지 건축기술 고급트랙 인력양성사업 참여
2011.09	전문건설업 등록 (토공사업)
2011.09	국내외 연약지반 처리공법 특허맵 구성
2011.09	인천 아시아경기대회 주경기장(인천시) 기술제안 적용수주
2011.11	본사 사옥 이전 (가산디지털단지 GBC)
2011.12	구로구 지역아동센터 나눔활동
2011.12	Ext-R/S 공장제작형파일 제조사 협약
	(아이에스동서, 아주산업, 동양파일, 삼부건설공업)
2012.01	Pile 부문 해외 중국특허 획득
2012.01	SAP 건축구조기술사 기술인증
2012.02	Pile 부문 해외 인도네시아특허 획득
2012.03	금천세무서장 표창장 수상
2012.03	Pile 부문 해외 카자흐스탄특허 획득
2012.03	금천구 독산동 집수리 나눔활동
2012.06	SAP 국내 최초의 아파트 뜬구조 적용
2012.06	PF(Point Foundation)공법 개발
2012.07	혜명노인센터 점심식사 / 환경정리 나눔활동
2012.08	Pile 부문 해외 말레이시아특허 획득
2012.09	인천 구월 보금자리주택(인천도시공사) 기술제안 적용수주
2012.09	대한민국 신기술대전&건설산업대전 참가
2012.09	2012 취업하고 싶은 기업 선정
2012.11	해비타트와 함께하는 사랑의 집고치기 나눔활동
2012.11	2012 현대건설 기술대전 소구경파일(SAP)공법 장려상 수상
2012.12	청담사회복지관 나눔활동
2012.12	LH공사 '기초공사 다양화방안(소구경 파일)' 채택
2013.01	GCB 지오세라믹쇼트공법 개발
2013.01	SAP 건설신기술 제684호 지정 (국토해양부장관)
2013.01	PF(Point Foundation)공법 장비개발
2013.02	Pile 부문 해외 베트남특허 획득
2013.03	바인더스 환경표지인증 획득
2013.04	Pile 부문 해외 유라시아(EA)특허 획득
2013.05	해비타트와 함께하는 사랑의 집고치기 나눔활동
2013.05	신기술 / 특허 사용 협약 (시흥시청 : 군자지구사업단)
2013.07	통합 CI, BI 런칭 (SE)
2013.09	전문건설업 등록 (보링그라우팅 공사업)
2013.09	제14회 중소기업기술혁신대전 협회장상 수상
2013.10	SAP 소형화 장비 국산화
2013.11	HD-Pile(두께 및 강도조절이 가능한 고하중 직타형파일) 개발 / 상품화
2013.12	엔지니어링협회에 엔지니어링 사업자 등록
2014.01	SE 창립 10주년 기념서적 〈SE 스토리〉 발간

3. SE 사람들 이야기

신용수 본부장 우리 주변에 있는 모든 것은 꿈에서 시작되어 현실이 된 것입니다. 하늘을 나는 것도, 달나라에 가는 것도 한때는 막연한 꿈의 한 조각일 뿐이었습니다. 모든 꿈은 언젠가는 반드시 현실이 될 수 있습니다. 우리 모두 부지런히 꿈을 꾸고 그 꿈을 이루기 위해 열심히 노력합시다. 10주년을 맞이하는 SE! 그 꿈의 한가운데 있습니다.

한동률 고문 파일산업과 관련된 국내 최초의 스토리로 그동안 파일과 관련된 통계 수치는 있으나 파일 진화의 역사를 SE의 창업, 경영과 결부시켜 이야기로 풀어낸 것은 이 책이 최초일 것이므로 참으로 대견한 생각이 듭니다. 이 책은 학계, 연구기관 등에서 보존 및 활용한다면 파일산업의 편린을 후대에서도 엿볼 수 있어 참조가 되지 않을까 합니다.

김순영 상무 차별화된 기술이 있었기에 거칠 것 없을 것만 같았던 SE. 하지만 중소기업이 살아남는다는 것은 정말 긴박하고 짜릿한 모험과도 같았습니다. 작지만 강해질 수 있다는 우리의 자신감이 현재의 SE를 만들었지만 끊임없이 노력해야만 한다는 긴장감이 현재의 SE의 원동력이 아닐까요? 우리 SE는 항상 지반 기술의 중심이고 싶습니다.

강혜선 차장 낙관적인 사람은 고난에서 기회를 보고 비관적인 사람은 기회에서 고난을 본다.〈처칠〉 아마도 우리에겐 앞으로 더 많은 기회가 주어질 것입니다. 우리는 그 기회를 당당하게 맞을 것입니다. SE와 함께 할 수 있는 기회가 주어진 것은 제게 큰 행운이었습니다.

석정균 과장 희망과 꿈이 있는 것과 없는 것은 인생에서 큰 차이를 보입니다! SE에는 그런 희망과 꿈을 향해서 달려갈 수 있는 원동력이 있다는 것이 큰 행복이 아니겠습니까!

조한직 차장 처음이자 마지막 회사라고 선택한 SE... 어느덧 10년의 세월을 함께했습니다. 변화와 도전을 즐기는 SE와 함께했기에 저도 이 자리에 있습니다. 10주년을 맞아 출발선에 있다는 마음으로 더 큰 목표를 위해 도전을 시작하고자 합니다. 한결같은 사랑과 믿음으로 SE 가족들과 同行하겠습니다. SE 화이팅!

김기욱 이사 인간으로서 할 일은 인간이 다 할 수 있습니다. 다만, 행하기가 어렵고 힘들 뿐입니다.

서강민 대리 저는 SE호에 탑승하여 모진 풍랑을 마주치거나 때로는 순풍을 만끽하며 항해하고 있습니다. 파일이라는 바다에서 우리의 항해정신은 선각자이자 개척자로서 칭송받을 것이고, 우리 뒤로 퍼져가는 물결의 자취는 고스란히 기억되어 이 바다를 변화시킬 것이라 자신합니다.

SE 사람들 이야기

285

고용택 본부장 10년이면 강산도 변힌다는데, 우리 SE 10년은 역사가 되었습니다. 대표님의 열정과 전직원들의 땀방울이 헛되지 않았기에 오늘의 장대하고 기쁜 10년을 맞이하게 되었습니다. 강소기업 SE, 화이팅!

심만식 과장 지난 10년간의 성과가 우리의 새로운 10년, 미래의 초석이 될 것입니다. SE 창립 10주년 진심으로 축하합니다~··

정진훈 사원 저는 올해 입사한 신입사원입니다. SE가 걸어온 10년이란 시간에 저는 함께하지 못했습니다. 하지만 앞으로 그 이상의 미래를 함께할 수 있어 행복합니다.

노창석 과장 10년! 짧지도 길지도 않은 시간입니다. SE의 10년에 각자의 위치에서 최선을 다한 땀과 노력이 있었기에 자랑스러운 기념일이 생기지 않았나 생각합니다. 또 그 안에 제가 함께한다는 것이 자랑스럽습니다. 미래의 행복한 기념일을 계속 만들어 나갈 수 있도록.....화이팅!!

우중환 부장 SE와 시작은 함께하지 못했으나, 대표님 이하 임원, 선배님들의 노고와 땀의 결실에 깊은 감사를 드립니다. 그런 노력이 있었기에 저 또한 지금 SE의 일원으로 함께하고 있는 것이라 생각합니다. 지나온 10년의 흔적은 가슴에 새기고 앞으로의 10년, 20년 후의 성장을 자신하며, SE 임직원분들과 함께하겠습니다. Soil Engineering의 명품브랜드..... 그것은 바로 SE가 될 것입니다.

오승환 대리 하나의 생각, 십년의 믿음, 백년의 가치!!!

정우용 대리 우리에게 펼쳐질 미래는 우리가 만들어가는 것이지 다른 사람이 가져다 주는 것이 아닙니다. SE 임직원 모두에게 열정과 도전정신이 없다면 우리가 그리는 미래는 절대 우리의 것이 될 수 없습니다. 10년 전 오늘, 불가능한 일에 도전하면서 가능할 것이라고 믿었던 것처럼 SE가 꿈꾸는 미래의 불가능한 일 또한 가능하리라고 생각합니다. 오늘로부터 10년 후 또 다른 혁신을 이룰 것으로 믿습니다. 창립 10주년 진심으로 축하합니다.

한병권 연구소장 어느덧 SE가 태어난 지 10년이 되었고, 저도 5년의 세월을 같이 보냈습니다. 짧은 5년 동안 기쁜 일과 어려운 일들도 많았지만 직원 모두의 힘으로 오늘이 있는 것 같습니다. 개인적으로는 SAP 신기술 최종 합격 발표시의 가슴 벅차오르는 희열을 잊을 수가 없습니다. 앞으로도 SE 의 발전에 미약하지만 작은 힘이 되도록 노력하겠습니다.

이철웅 부장 SE의 10주년을 축하합니다. 저도 함께한 시간이 어느덧 10년 이 가까워지고 있네요. 함께 고생하고 고민하고 환호하던 추억들이 다시 금 새롭게 느껴집니다. 그동안 우리의 열정이 있었기에 SE의 10년이 있듯 이, 계속해서 발전하는 SE가 되기를 진심으로 소망합니다.

김영철 부장 SE 구성원으로 보낸 2개월 동안 각 구성원의 열정과 회사의 의 지를 볼 수 있었습니다. 10년 후에 SE는 기초공법 및 건설 지반 분야에서 글로벌 리더 기업으로 성장할 것이라 믿어 의심치 않습니다. 앞으로 SE의 경쟁력 밑바탕에는 기술력과 더불어 특허가 강한 SE가 될 수 있도록 최선 의 노력을 다하겠습니다.

조명수 대리 처음부터는 아니지만 SE와 함께한 지도 7년이 되었습니다. Ext-Pile에서 SAP까지 회사가 성장하는 만큼 저도 함께 성장할 수 있었습 니다. 힘든 일은 나누어 함께 하며, 기쁜 일 또한 함께하여 기쁨이 커지며, 현실에 안주하지 않고 새로운 기술을 위해 달려가는 SE이기에 오늘이 있 는 것 같습니다. 지금처럼 모두 노력하여 더욱 강하고 멋진 SE를 만들어가 면 좋겠습니다.

최형권 차장 작지만 강한 기업 SE에 몸담고 있어 감사합니다. 지금 SE에서 보내고 있는 시간들이 제 인생에서 더욱 빛나는 보석이 될 수 있도록 더욱 노력하겠습니다. 더욱 많은 것을 공유하고, 많은 사람과의 인연을 소중히 하는 SE가 되었으면 하는 바람입니다.

이운무 과장 SE 10주년의 순간에 동참할 수 있어서 기쁘게 생각합니다. 그동안의 수고로움에 대표님 이하 모든 임직원분께 박수를 보냅니다. 지나온 시간을 밑거름 삼아 앞으로 더 힘차게 뻗어나가는 SE가 되기를 바라며 저 또한 그 밑거름이 되고자 노력하겠습니다.

이영현 사원 그동안 대표님과 임직원분들의 노력으로 SE가 어느덧 10년이라는 시간을 지내왔습니다. 지난 10년간은 SE가 성장할 수 있는 기반구축과 앞으로 도약하는 기간이었다면, 향후 10년은 저를 포함한 모든 임직원분의 노력으로 우리나라 제일의 지반 및 토목 컨설팅회사로 우뚝 서게 될 것입니다.

SE 사람들 이야기

이영민 부장 10년간의 초석이 다져졌습니다. 이제 100년간의 정진이 남아 있습니다. 모두 함께 이어갈 수 있길 희망합니다.

조재형 대리 평범함과 창조와 혁신의 차이는 바로 行에 있습니다. SE는 行으로써 창조적인 기술개발을 통해 지금까지 발전할 수 있었습니다. 앞으로 10년이 더욱 더 기대됩니다. 앞으로의 10년을 함께하는 SE인인 것이 자랑스럽습니다.

이혜림 대리 SE가 10년의 역사를 거쳐 강소기업으로 자리매김했습니다. 트렌드에 맞춰 혁신을 行하고, 직원간의 소통을 위해 끊임없이 노력하고, 실천하고, 변화해 온 노력의 결과입니다. 行하고 변화하는 것은 결코 쉽지 않았고, 앞으로도 쉽지 않겠지만, 또 다시 SE의 20년을 위해 노력하고 싶습니다. 작지만 강한 기업! 트렌드를 만들어갈 SE의 10년을 축하하며, SE의 20년도 기대합니다.

송기선 주임 SE와 함께하는 한 해 한 해가 제 삶의 밑거름이 된 것 같습니다. SE와 함께 숨쉬고, 기뻐하며, 때로는 위로하며… SE가 커가는 모습에 제 자신이 투영되어 제 자신이 커져가는 것을 느끼기도 합니다. 앞으로의 미래도 커가는 규모만큼이나 자긍심이 넘치는 SE 구성원으로서 매진할 생각입니다. 모두가 함께 만들어가는 SE가 되도록 노력하겠습니다.

김연주 주임 직원 모두가 함께 소통하고, 하나가 되어 行하므로, 저는 SE! 이곳을 진정 살아 숨쉬는 참된 조직이라 말하고 싶습니다.

송기선 조재형 이혜림 이영민

김연주

SE History

창의적인 사고와 적극적인 실행력으로
더 나은 미래를 개척합니다

SE는 2004년 창립 이후 지속적인 기술 개발과 철저하고 엄격한 시공 감리로

기초·지반 분야에서 새로운 신화를 창조해 왔습니다.

이제, SE는 고객과 함께 성장해가는 희망찬 미래를 개척하고 있습니다.

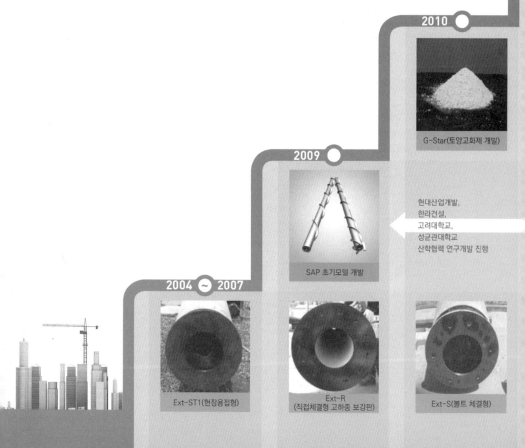

2010

G-Star(토양고화제 개발)

2009

SAP 초기모델 개발

현대산업개발,
한라건설,
고려대학교,
성균관대학교
산학협력 연구개발 진행

2004 ~ 2007

Ext-ST1(현장용접형)

Ext-R
(직접체결형 고하중 보강판)

Ext-S(볼트 체결형)

2011   2012   2013   2014

GCB 특허획득
(지오세라믹매트공법 개발)

지오세라믹쇼트공법 개발

GCB

바인더스 개발

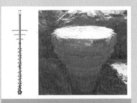

P.F공법 개발

P.F공법 장비개발

P·F

압축용 SAP파일

인장용 SAP파일

소형화장비 국산화

SAP

초고강도 확장형 파일

HD-Pile(고하중 직타형)

EXT

참고문헌 및 주

1) 마쓰시타 고노스케[松下幸之助]는 일본에서 '기업경영의 신'으로 추앙받는다. 그는 기업은 이익을 창출하는 동시에 사회적 책임도 다해야 한다면서, 기업을 '사회의 공기(公器)'라고 말했다.

2) 지지력 = 선단 지지력(약 80%) + 주변 마찰력(약 20%)
선단 지지력은 초기 동재하시험(EOID)으로 파일 시공 후 즉시 측정하고, 주변 마찰력은 재항타시험(Restrike)으로 파일 시공 일주일 후에 측정한다.

3) 'Pretensioned spun High strength Concrete pile'을 우리말로는 '프리텐션 방식 원심력 고강도 콘크리트 말뚝'이라 한다.

4) 압축 재하시험 중의 하나. 동재하시험, 정재하시험이 있다.
동재하시험: 파일 상단에 무거운 추를 낙하시켜 파일의 본체에 생기는 충격파를 계측하고, 이를 해석함으로써 파일의 지지력을 구하는 방법.
정재하시험: 파일 상단에 설계하중의 2~3배 실재 하중을 실어서 지지력을 확인하기 때문에 지지력의 결정법으로 신뢰성이 높다.

5) VE(Value Engineering)는 1946년 미국 제너럴일렉트릭사(社)의 밀스(D. Mills)를 중심으로 원가절감의 한 수법으로 개발되었는데, 가치공학이라는 말로 통용된다. 실현하려는 기능을 최소의 비용으로 얻기 위하여 제품의 가치와 관련되는 여러 요인과 제품의 비용에 관련된 여러 요인의 관계를 분석한다. 기능은 떨어뜨리지 않으면서 제품의 가치를 높이는 일련의 방법을 의미한다.
건설업에서는 공사 수주 이후 최저의 비용으로 각 공사에 요구되는 품질, 공사 기간, 안전성과 같은 필요한 기능을 달성하기 위해 공법, 자재 등 건설의 모든 대상에 대한 개선 활동이다.
[참조] 두산백과

6) <건설업법>에 따르면, 건설업은 원도급(元都給), 하도급(下都給), 기타 명칭 여하에 불구하고 건설공사의 도급을 받는 영업을 말하며, 건설공사는 일반공사, 특수공사 및 단종공사(單種工事)로 크게 나뉜다.
일반공사는 다시 토목공사와 건축공사로, 특수공사는 철강재(鐵鋼材) 설치공사, 준설(浚渫)공사 및 조경(造景)공사로, 전문공사는 의장(意匠)공사, 토(土)공사, 미장(美裝) 및 방수(防水)공사, 석(石)공사, 도장(塗裝)공사, 조적(組績)공사, 비계(飛階) 및 구조물해체(構造物解體)공사, 창호(窓戶)공사, 지붕 및 판금(板金)공사, 철근 및 콘크리트공사, 철물공사, 설비공사, 상하수도설비공사, 보링 및 그라우팅 공사, 철도 및 궤도(軌道)공사, 포장(鋪裝)공사, 수중(水中)공사, 조경식재(造景植栽)공사, 조경시설물 설치공사, 건축물조립공사, 강구조물공사, 승강기 설치공사, 온실설치공사로 세분되어 있다.
[출처] 두산백과

7) [출전]『창조적 전환』/ 한국경제신문 / 삼성경제연구소 169

8) 사이언스타임즈 임동욱 객원기자

9) [출전]『전쟁의 기술』/ 로버트 그린 / 웅진지식하우스 112

10) [출전]『전쟁의 기술』/ 로버트 그린 / 웅진지식하우스 114

11) 인증규격 국제표준화기구(ISO: International Organization For Standardization)에는 세계 공통적으로 제정한 품질과 환경시스템 규격으로 ISO 9000(품질), ISO 14000(환경) 등이 있다. 우리나라 중소기업의 ISO 인증은 중소기업인증센터, 한국능률협회, 한국생산성본부 등에서 1994년부터 시행하고 있다.
출처: [중소기업청 전문용어]

12) 부자와 형제 등, 성인 남자 둘 이상이 한 집에 살면 세금을 두 배로 물렸다. 분가를 촉진하여 가구 수를 늘렸는데, 이는 새로운 경작지를 만들려는 목적이었다. 왕족, 부족장들도 군공이 없으면 봉작을 얻을 수 없게 했고, 작위가 없으면 경제적, 신분적 지위를 누릴 수 없게 했다. 죄를 은닉하면 허리를 끊어 사형시키고, 죄를 고발하면 전쟁에서 적의 머리를 벤 것과 같은 상을 주는 등 '오가작통제'로 연대책임을 물었다. 사사로운 싸움은 엄격하게 처벌하고, 전공을 세운 자는 타고난 신분과 관계없이 작위를 올려주는 등 '이십등작제'를 시행했다.

13) [출전]『사기(史記)』〈상군열전(商君列傳)〉

14) [출처] 민족문화대백과사전

15) 통상 GCM(Geo-Chemical Grouting Method)공법이라 한다.

16) [참조] 두산백과

17) [출전]『전쟁의 기술』/ 로버트 그린 / 웅진지식하우스 127P

18) [출처] 송병식 제주대 교수

19) [출처] 이종호 한국과학기술연구원 전문위원

20) 토질을 조사하면 일반적으로 지표면에는 표토층, 그 밑으로는 실트 및 세사의 점토층, 풍화토, 풍화암, 연암, 경암이 있다. 풍화암은 연암이 풍화작용에 의하여 약해진 것이다.

21) [출처] 중국을 물리친 고구려 성 / 현무와 주작, 이우창 / 주니어 랜덤

22) [출전] 『마케팅 불변의 법칙 』 50P, 56P

23) 이 소구경 파일을 시공하는 공법이름도 SAP(Speedy construction, easy Access, high-caPacity)으로 지었다.

24) 인증번호 KSEA 12-01-01

25) 청담동 청구아파트 지하 증축

26) MPG: Micro Pile Grouting. 외국에서 들여온 공법으로, SAP공법처럼 주로 기존 건물의 내진 성능 향상 및 증축을 위한 기초보강 공사, 연약지반 위의 건물 복원공사 등에 사용되고 있다. 이 마이크로공법으로 시공을 행하는 업체는 우리나라에도 많이 있다.

27) 건설신기술 인증번호 제684호

28) 건설기술의 정의는 이러하다.
　　'건설기술'이라 함은 다음 사항에 관한 기술을 말한다. 다만, 안전에 관하여는 산업안전보건법에 의한 근로자의 안전에 관한 사항을 제외한다(법 제2조 제2호).
　　건설공사에 관한 계획·조사(측량을 포함한다)·설계(건축사법 제2조 제3호의 규정에 의한 설계를 제외한다)·설계감리·시공·안전점검 및 안전성 검토
　　시설물의 검사·안전점검·정밀안전진단·유지·보수·철거·관리 및 운용
　　건설공사에 필요한 물자의 구매 및 조달
　　건설공사에 관한 시험·평가·자문 및 지도
　　건설공사의 감리
　　건설장비의 시운전
　　건설사업관리
　　기타 건설공사에 관한 사항으로 대통령령이 정하는 사항(영 제2조)
　　- 건설기술에 관한 타당성의 검토
　　- 전자계산조직을 이용한 건설기술에 관한 정보의 처리

  - 건설공사의 견적
  출처: 국토교통과학기술진흥원 신기술정보마당

29) [출처] 국토교통부

30) [출처] 한국표준협회

31) 제1장 선도의 법칙 The Law of Leadership
제2장 영역의 법칙 The Law of the Category
제3장 기억의 법칙 The Law of the Mind
제4장 인식의 법칙 The Law of Perception

32) 鼎(정): 세 발 달린 솥으로 고대 중국 천자의 상징

33) [출전] 『사기(史記)』 〈회음후열전(淮陰侯列傳)〉

34) 실트[微砂]와 점토를 주성분으로 하는 불규칙한 혼합물로, 진흙이 굳어져 생긴 암석이다.

35) 메가 파스칼. pa는 압력의 단위. 1파스칼은 1제곱미터의 넓이에 1뉴턴(N)의 힘이 가해질 때의
압력. 1뉴턴은 질량 1kg의 물체에 $1m/sec^2$ 의 가속도를 주는 힘.

36) RCD(Reverse Circulation Drill)
현장 타설 말뚝공법 가운데 하나로 1954년 독일에서 개발되었다. 역순환 굴착공법이라고도 한
다. 이 공법은 굴착공 안의 정수압을 일정하게 유지하고, 굴착 지질에 따라 안정액의 비중을 달리
해야 한다. 또 굴착공 벽이 상하지 않도록 순환수의 유속을 완만하게 유지하는 것이 중요하다.
굴착 장비를 오르내릴 필요 없이 연속으로 작업을 진행할 수 있어 깊은 곳까지 굴착이 가능하
고, 안정액으로 굴착공 벽의 붕괴를 방지하면서 굴착하므로 케이싱 튜브가 필요 없다. 굴착공
의 대구경화가 가능하며, 진동과 소음이 없다.
그러나 지층조건에 따라서는 말뚝선단 및 주변 지반이 이완되는 경향이 있고, 정수압 또는 안정
액만으로 수위가 유지되지 않는 지층 조건에서는 시공이 어려운 단점이 있다. 국내에서는 63
빌딩과 한국종합무역센터 등에 적용되었다.
[출처] 두산백과

37) [출전] 『三國志(삼국지)』 蜀志(촉지) 諸葛亮傳(제갈량전)

유비와 제갈량이 지나치게 친밀해 보이자 관우와 장비 등 장군들은 불만이었다.
유비는 "내가 제갈량을 가진 것은 물고기가 물을 가진 것과 같다"며 그들을 달랬다.

38) [출처] 한겨레신문 2013. 5. 30 / 구본권 기자

39) [출처] 연합뉴스 / 이영임 기자

40) 설계조정률은 1994년 정부노임단가가 폐지되고 시중노임단가가 도입되자 시중노임 반영에 따른 사업비 증가를 억제하는 수단으로 모 공사가 임의적으로 만들어 적용해 오던 제도(노무비 = 정부노임단가/시중노임단가)로써 시중노임의 70~80% 수준이다.
[출처] 국토교통부

41) 협의 단가는 정부에서 설계변경을 요구한 경우(계약상대자에게 책임이 없는 사유로 인한 경우를 포함)에는 증가된 물량 또는 신규 비목의 단가는 설계변경 당시를 기준으로 하여 산정한 단가와 동 단가에 낙찰률을 곱한 금액의 범위 안에서 계약당사자 간에 협의하여 결정한다. 다만, 계약당사자 간에 협의가 이루어지지 아니하는 경우에는 설계변경 당시를 기준으로 하여 산정한 단가와 동 단가에 낙찰률을 곱한 금액을 합한 금액의 100분의 50으로 한다.
[출처] 국토교통부

42) 17개 과제

번호	과제(건의)내용	조치(합의)결과
1	실적공사비 관리기관을 전환(민·관 합동기관)하여 실적공사비 산정 객관화	객관적이고 공정한 '실적공사비 단가산정기준' 및 단가 산정시 민간참여 추가 확대방안 제시에 합의 ('13 하반기부터 적용)
2	공사비 영향이 큰 주요 공종(유로폼, 합판거푸집, 콘크리트 타설 등)의 실적단가를 현실에 맞게 조정	실적공사비 단가 산정시 계약단가 외 시장가격 조사 등 반영 가능여부를 기재부와 협의 완료 ('13.4.15)하고 현실과 괴리된 실적공사비에 대한 보정체계 방안 마련
3	대부분의 발주기관들은 공통할증이 총칙(적용기준)에 있다는 이유로 공사비 산정시 이를 적용하지 않고 있어 현장여건에 맞는 공사비를 제대로 적용할 수 있도록 제도 개선	협회에서 제시한 공통할증(안)* 표준품셈 품할증기준에 반영 * 1-16 품의 할증은 필요한 경우 다음의 기준 이내에서 공사규모, 현장조건 등을 감안하여 적용하고, 품셈 각 항목별 할증이 명시된 경우에는 각 항목별 할증을 우선 적용한다.

4	공사물량이 1일 작업량 미만인 경우 적용할 수 있는 구체적인 할증기준 마련	상반기 중 실사가 완료된 대상공종은 금번 개정품셈('13.7월)에 반영하고 하반기에도 대상공종 지속 발굴·반영 예정
5	현장실사 시 시방서에 준한 시공형태 준수 및 연간 개정항목을 대폭 축소하여 품셈 개정 내실화	현실에 맞고 시방을 준수하는 현장실사 되도록 참관인 지원 등 협회 차원의 적극적인 협조 요청 및 현장실사지침 마련 다만, 연간 개정항목 축소는 요구근거가 합리적 기준 운영과 부합하지 않으므로 품셈 일제 정비 계획대로 추진
6	품셈의 각종 할증기준 제대로 반영토록 주기(主記)사항 할증 본품으로 이동	'선검증 후반영' 원칙에 따라 연차별로 추진 중*이나, '15년 이후 검토예정 항목은 '선반영 후검증'으로 전환, 즉시 조치* 전체 238개 중 154개 완료하고, 나머지는 '15년까지 완료예정
7	건설기계가격의 등락에 따른 원활한 갱신을 위해 표준품셈에서 건설기계가격을 분리, 부록으로 수록하고 매년 조사 가격 발표	원칙적으로 수용하되, 건설장비가격에 대한 상시조사 및 발표에 대한 구체적인 조치방안 마련(2013년 내)
8	설계 VE 지침의 목적에 경관 향상을 포함하고, 사업비 절감을 목적으로 경관성, 안전성 등 기능 저하 야기 금지 명기	
9	설계 VE업무 수행자 선정을 위한 수행능력 평가 시 전국VE경진대회 수상실적 반영하여 평가	
10	VE 보상제도 활성화를 위해 국토부 중심 위에서 시공VE 제안에 대한 사용승인 심의를 하는 방안 등 검토	지침개정 시 반영키로 합의하고 관련지침 개정 중
11	단순 제안사항은 설계자문위 생략하고 발주청이 직접 검토·승인하여 행정간소화(승인여부 결정이 곤란한 경우만 설계자문위 상정)	
12	지자체 시행공사의 시공VE에 대한 인센티브 적용이 가능토록 지방계약법 관련 근거 보완	

13	VE 검토조직 팀원의 자격기준을 명확히 하고 책임자, 퍼실리데이터의 자격을 강화하여 VE 내실화 도모	VE검토조직 참여자 자격강화 시 소수전문가 보유업체만 입찰참여가 가능하여 불합리한 경우가 발생하므로 현 수준 유지가 바람직하다는 의견이 대다수로 불수용
14	[국도건설공사 설계실무 요령]에 표준품셈을 토대로 '절·성토면 고르기' 품 신설	절·성토면 고르기 품 신설하여 개정 완료 ('13.5. 익산청)
15	[국도건설공사 설계실무 요령]에 품질관리 활동비용 정상 반영 요청	품질관리 활동비용 반영하여 개정 완료 ('13.5. 익산청)
16	'94년 '정부노임'이 폐지되고 '시중노임'이 도입되면서 한전은 사업비 증가를 우려하여 「설계조정률」 적용 중으로 폐지 요청	설계조정률 폐지('13.7.1, 한전)
17	협의단가 산정기준(부산청, 철도공단)을 철회하고 계약예규인 공사계약 일반조건의 규정에 따라 설계변경 단가 산정 및 적용	타 국토청(서울, 원주, 대전, 익산) 적용사례를 참고하여 재검토 및 합리적으로 개선되도록 지도하여 개선 완료(부산청, 철도공단)

[출처] 국토교통부

43) 주상도(柱狀圖; soil column map): 지질 조사 결과에 입각하여 지층 구조, 지하수, 토질 등을 깊이 방향으로 표시한 그림.

44) 적과 아군의 실정을 잘 비교 검토한 후 싸운다면 백 번을 싸워도 결코 위태롭지 않다[知彼知己 百戰不殆]. 적의 실정을 모른 채 아군의 전력만 알고 싸운다면 승패의 확률은 반반이다[不知彼而知己 一勝一負]. 적의 실정은 물론 아군의 전력까지 모르고 싸운다면 싸울 때마다 반드시 패한다[不知彼不知己 每戰必敗].
[출전] 『손자(孫子)』 〈모공편(謀攻篇)〉

45) [출전] 『전략의 탄생』 / 애비너시 딕시트 / 쌤앤파커스 327P

46) [출전] 『사기(史記)』 〈오기열전(吳起列傳)〉